V&R

Psychotherapeutische **Dialoge**

Herausgegeben von Uwe Britten

Tom Levold / Hans Lieb

Für welche Probleme sind Diagnosen eigentlich eine Lösung?

Tom Levold und Hans Lieb im Gespräch mit Uwe Britten

Vandenhoeck & Ruprecht

Mit 2 Abbildungen

Bibliografische Information der Deutschen Nationalbibliothek
Die Deutsche Nationalbibliothek verzeichnet diese Publikation in der
Deutschen Nationalbibliografie; detaillierte bibliografische Daten sind
im Internet über http://dnb.d-nb.de abrufbar.

ISBN 978-3-525-45192-2

Weitere Ausgaben und Online-Angebote sind erhältlich unter: www.v-r.de

Umschlagabbildung: dalinas/shutterstock.com
Texterfassung: Regina Fischer, Dönges
Korrektorat: Edda Hattebier, Münster; Peter Manstein, Bonn

© 2017, Vandenhoeck & Ruprecht GmbH & Co. KG,
Theaterstraße 13, D-37073 Göttingen /
Vandenhoeck & Ruprecht LLC, Bristol, CT, U.S.A.
www.v-r.de
Alle Rechte vorbehalten. Das Werk und seine Teile sind urheberrechtlich
geschützt. Jede Verwertung in anderen als den gesetzlich zugelassenen Fällen
bedarf der vorherigen schriftlichen Einwilligung des Verlages.
Printed in Germany.

Satz: SchwabScantechnik, Göttingen
Druck und Bindung: ⊕ Hubert & Co GmbH & Co. KG,
Robert-Bosch-Breite 6, D-37079 Göttingen

Gedruckt auf alterungsbeständigem Papier.

Inhalt

Distinktion und Indikation – Benennungen 11
Ingwerknolle als Rorschachtest 12
Kommunikation kommunizieren 17
Unterscheiden lernen 26

Psychische Erkrankungen sind keine Entitäten 35
Empathie 36
Medizinisch-naturwissenschaftliche Verengungen
wieder öffnen 44
Standardisierung und Klassifikation 52

Sinnhaft sprechen, aber wie? 77
Wirkung und Wirkgeschichte von Diagnosen 78
Wir können nicht nicht diagnostizieren 87
Was der Fall ist 99

Rituale und Erwartungserwartungen 113
Diagnosen dynamisieren 114
Dialogische Diagnostik 124
Die Notwendigkeit einer Narration des gelebten Lebens 135
Der Kontextverweis als Politikum 145

Therapeutische Interventionen müssen begründbar sein 153
Tooligans 154
Hintergründe 165

Ausgewählte Literatur 178

Köln im Juli 2016. Im rechtsrheinischen Heumar treffen sich Tom Levold und Dr. Hans Lieb zu einem Gespräch über die Notwendigkeit und über die Funktionen der Diagnostik bei psychischen Beeinträchtigungen.

Die Diagnostik psychischer Störungen hat in den letzten Jahrzehnten zu immer mehr und immer neuen Diagnosen geführt. Gleichzeitig war dieser Prozess immer auch von Kritik an der Standardisierung durch die International Classification of Diseases (ICD) oder durch das Diagnostic and Statistical Manual of Mental Disorders (DSM) begleitet. Zwar stellt eine Diagnose zunächst einmal den Zugang zum Gesundheitswesen sicher, aber ist sie auch eine *sinnvolle* Beschreibung eines psychischen Problems? Ist sie nicht viel zu sehr auf Defizite fokussiert und erschwert damit eher den Zugang zu Lösungsstrategien?

Im Laufe des Therapieprozesses jedenfalls verliert die Diagnose stetig an Bedeutung, immer stärker erkennen Therapeutinnen und Therapeuten den erkrankten Menschen hinter der Diagnoseschablone. Wozu also überhaupt diagnostizieren?

Tom Levold, Jahrgang 1953, war viele Jahre in der Jugendhilfe tätig, bevor er 1989 in freier Praxis als Systemischer Therapeut, Supervisor und Organisationsberater zu arbeiten begann. Im Jahr 1993 war er Gründungsmitglied der Systemischen Gesellschaft und gehörte anschließend zum ersten Vorstand. Er ist Mitherausgeber der Zeitschrift »Kontext«, Autor sowie gemeinsam mit Michael Wirsching Herausgeber des Buches »Systemische Therapie und Beratung – das große Lehrbuch«.

Für Tom Levold ist die Diagnose für den Therapieprozess selbst eine verzichtbare Größe, im Zweifelsfall sogar hinderlich. Er geht lieber von der eigenen Problembeschreibung des Klienten aus und von dessen Lösungsideen. Alles, was für eine erfolgreiche Psychotherapie wichtig sei, werde von standardisierten Diagnosen nicht abgebildet, kritisiert er. Diese Art der Diagnostik verschwende dadurch Ressourcen und sei für die Klient-Therapeut-Interaktion zudem auch noch wenig hilfreich.

Dr. Hans Lieb, ebenfalls Jahrgang 1953, ist sowohl systemischer Psychotherapeut als auch Verhaltenstherapeut – eine Brücke zwischen beiden Schulen versuchte er auch mit dem Buch »So hab ich das noch nie gesehen. Systemische Therapie für Verhaltenstherapeuten« zu schlagen. Nach vielen Jahren der Tätigkeit in Sucht- und psychosomatischen Kliniken arbeitet er heute in eigener Praxis, auch als Paar- und Familientherapeut. Er ist zudem Supervisor, Lehrtherapeut und Dozent an etlichen systemischen und verhaltenstherapeutischen Instituten.

Mit seinem Buch »Störungsspezifische Systemtherapie« begründete er 2014 die von ihm zusammen mit Wilhelm Rotthaus herausgegebene Buchreihe »Störungen systemisch behandeln«, womit er für eine differenzierte und explizit systemische Positionierung zu klassischen Diagnosen eintritt, die aus einem unfruchtbaren Pro und Kontra herausführt. Für ihn müssen Diagnosen und deren Verwendungskontexte systemtheoretisch erfasst werden, um sie sowohl zu nutzen wie auf kritischer Distanz zu ihnen zu bleiben.

DISTINKTION UND INDIKATION – BENENNUNGEN

»*Ich fühle mich so zweiundvierzig.*«
Klientin von Hans Lieb

Ingwerknolle als Rorschachtest

Herr Levold, was sehen Sie hier in meiner Hand?

LEVOLD Eine Ingwerknolle.

Herr Lieb, was sehen Sie?

LIEB Eine Ingwerknolle mit zwei Teilen.
LEVOLD Ja, es sieht ein bisschen aus wie eine Stimmgabel. Man könnte wirklich alle möglichen Formen hineinlesen. Das öffnet Raum für Assoziationen.
LIEB Ein Grundkörper und zwei davon abgehende eigene Körperteile.

Ja. Sie haben nun beide nicht von einem Wurzelmännchen gesprochen, von einer »Alraune«, auch nicht von einem Rhizom, einem gestaltlosen Wurzelgebilde. Warum nicht?

LEVOLD Wenn ich Biologe wäre, hätte ich es vielleicht getan, aber die Frage war: »Was sehen Sie?«, und ich habe versucht, das in Worte zu fassen, was ich optisch wahrgenommen habe. Erst mal habe ich eine Ingwerknolle erkannt, vermutlich weil ich selbst koche und damit umgehe, deshalb habe ich nicht auf die Struktur oder die biologische Einordnung geachtet.
LIEB Und ich habe mich nicht herausgefordert gefühlt, ein bereits vorhandenes Konzept oder sogar Wissen über irgendwelche Gegenstände anzuwenden und den Gegenstand einzuordnen, sondern ich habe gesagt, was ich sehe.

Wäre es Ihnen als Systemiker unangenehm gewesen, ganz naiv und anthropomorph eine Alraune darin zu sehen?

LIEB Nein, es wäre mir nicht unangenehm gewesen, es wäre eine interessante andere Perspektive. Ich habe jetzt soeben sogar gedacht, ob ich einen Rorschachtest daraus machen sollte, damit man etwas hineinprojizieren kann.

Interessant ist aber, Herr Levold, dass Ihre erste Antwort ein Name war. Sie haben den Gegenstand sofort mit einem Namen belegt. Im therapeutischen Prozess wollen Sie immer sehr offen sein. Sie wollen relativ wenig benennen und wollen zusammen mit dem Klienten sprachlich erst herausfinden und erfinden, worum es bei dem Problem des Klienten geht.

LEVOLD Ja, also selbst nichts begrifflich festlegen.

Trotzdem haben Sie sofort »Ingwer« geantwortet. Sie hätten mit ganz vielen Bezeichnungen und Beschreibungen darauf antworten können, aber Sie haben sich spontan sofort für einen Namen entschieden.

LIEB Aber ich finde, daran sind Sie »schuld«, weil Sie in meinen Augen sinngemäß gefragt haben: »Was ist das?« Wenn ich das einmal auf Therapiekonzepte übertrage, wäre es so, wie wenn ein Klient käme und etwas erzählt und mich fragt: »Was habe ich?« Dann kann ich nur entscheiden, ob ich das beantworte oder nicht. Im therapeutischen Kontext hätte ich gefragt, was Sie selbst sehen, bevor Sie von uns wissen wollen, was wir darin sehen.

LEVOLD Hier liegt aber vor allem der Unterschied vor, dass Sie uns einen Gegenstand gezeigt haben. Wenn Sie mich in der Therapie gefragt hätten, was ich sehe, würde ich gesagt haben: »Ich sehe einen Menschen, der vor mir sitzt und mit dem ich ein Gespräch führe.«

Was ist der Unterschied zwischen der Wurzelknolle und dem Klienten, den Sie vor sich haben und der von einer psychischen Beeinträchtigung erzählt?

LEVOLD Die Wurzelknolle ist für mich erst einmal, naiv ausgedrückt, ein Gegenstand, der in der Natur vorkommt, mit dem ich selbst zu tun habe und den ich für mich einordnen kann. Ein Klient ist aber jemand, der vor mir sitzt und der eine Geschichte erlebt hat und mir davon erzählen möchte, eine Geschichte also, die ich noch nicht kenne. Das heißt, ich habe erst einmal mit einer anderen Art von Gegenständen zu tun, als sie durch eine Ingwerknolle repräsentiert ist. Um meine Aufmerksamkeit einem immateriellen Gegenstand zu widmen, brauche ich eine möglichst große Öffnung in alle möglichen Richtungen, in die sich eine solche Geschichte entwickeln kann. Wenn ich aber schon sofort Vorabkategorien anwende oder nach ihnen suche, dann enge ich dieses Aufmerksamkeitsfeld auf eine Weise ein, die womöglich der Geschichte des Klienten nicht mehr gerecht wird.

LIEB Nehmen wir die gezeigte Knolle mal als Metapher für »etwas«, dann würde ich es so beschreiben: Wenn in der Therapie der Patient sagen würde, er habe etwas, und zeigt mir einen Abszess auf der Haut und fragt mich dabei, was das sei, dann sehen wir beide auf denselben Gegenstand. In der Sprache der Systemtheorie könnte ich sagen: Er zeigt mir ein Land, und dann kann man fragen, was eine geeignete Landkarte dafür ist. Ich glaube, der entscheidende Unterschied zur Psychotherapie ist, dass das, worauf der Therapeut blicken soll, in der Regel nicht gezeigt werden kann, sondern erzählt werden muss. Bei der Ingwerknolle sehen wir alle etwas und können uns einigen oder eben auch nicht, wie wir das nennen wollen. In der Therapie ist das, worauf gezeigt wird, immer etwas, worüber der Patient erzählt. Insofern muss ich selbst erst sowohl kennenlernen, was er meint, als auch, wie er es selbst bezeichnet.

Herr Levold, wenn nur Sie die Wurzel gesehen hätten und Sie müssten Herrn Lieb den Gegenstand beschreiben, würden Sie »Ingwer« sagen oder würden Sie etwas anderes sagen?

Levold Zunächst würde ich es mit »Ingwer« versuchen, weil es sein könnte, dass Ingwer in seiner Lebenswelt auch schon vorgekommen ist, dass wir also auf einen gleichen Gegenstand rekurrieren. Interessant wird es, wenn ich davon ausgehen muss, dass er nicht weiß, was eine Ingwerknolle ist, und ich sie dann beschreiben müsste anhand ihrer Form, anhand der taktilen Eindrücke, die sie bei mir auf der Haut und in der Hand hinterlässt, anhand des Geruchs oder wie auch immer. Ich müsste mich bemühen, eine Beschreibung anzufertigen, mit der er etwas anfangen kann. Es gibt viele Experimente, die deutlich machen, dass genau das eine extreme Schwierigkeit ist, weil wir dann eine innere Wahrnehmung in irgendeiner Weise verwörtern müssen, die womöglich dazu führt, dass eben nicht erkannt werden kann, worum es eigentlich geht.

Wir haben keine zwei Gehirne, die sich neuronal unmittelbar miteinander austauschen können, das heißt, wir müssen immer über Zeichensysteme gehen, wir müssen immer versprachlichen und kommen darum nicht herum. Die Frage ist, wie man es macht.

Levold Ja, und was dabei vorausgesetzt werden kann an Vorrat zum Beispiel von Wörtern, von Bedeutungen und so weiter, weil wir uns natürlich überhaupt nur austauschen können, wenn wir auf einen gemeinsamen kulturellen, sprachlich formatierten Vorrat zurückgreifen können.

Lieb Und mit der Sprache entsteht sofort der Sprach*raum*, die Interaktion, die Kommunikation. Wenn Tom Levold mir etwas von der Ingwerknolle erzählt, dann hat ein Gespräch ja noch gar nicht begonnen, das ist noch gar keine Kommunikation, sondern er gibt lediglich etwas von sich. Kommunikation entsteht dann, wenn ich mir erstens irgendetwas denke, also zum Beispiel: Was will der mir jetzt sagen, will er mich testen, ob ich auch Ingwer kenne, oder will er mir sonst irgendwas mitteilen? Und ich muss das zweitens wieder in die Interaktion einspeisen: Tom etwas fragen, etwas sagen – mit Worten, Blicken oder Gesten. In dem Moment beginnt eine Interaktion zwischen uns. Was am Ende dabei herauskommt, kann niemand vorhersagen. Vielleicht erfahre ich etwas Interessantes über Ingwer oder wir landen bei etwas, was keiner voraussagen kann. Was daraus entsteht, das ist eine eigene Welt.

Kommunikation kommunizieren

Sie als Systemiker haben beide eine gewisse Distanz zur Sprache und wollen stets raus aus den sprachlichen Schablonen, also auch Sprache reflektieren. Heißt das eigentlich auch, permanent Metakommunikation zu betreiben im Therapieprozess?

Levold   Nein. Das heißt nur, immer zu beobachten, was in Sprache passiert. Metakommunikation würde ja bedeuten, dass ich selbst meine Beobachtung laufend in die Interaktion einbringe. Das ist aber nur für den Bereich problematischer Interaktionen wichtig. Wenn wir merken, wir haben eine Störung im Gespräch oder wir geraten in einen Konflikt oder haben das Gefühl eines mangelnden Verständnisses, dann ist Metakommunikation hilfreich.

Wir wissen ja zum Beispiel aus der Untersuchung von Paarbeziehungen, dass, je besser die Beziehung ist, desto weniger Metakommunikation stattfindet, während chronisch strittige Paare eigentlich hauptsächlich im Metakommunikationsmodus feststecken – John Gottman hat dazu geschrieben. Metakommunikation ist eine Möglichkeit, eigene Beobachtungen der Kommunikation selbst zum Gegenstand von Kommunikation zu machen. Das muss man gleichwohl mit Vorsicht benutzen, denn sonst kann Kommunikation schnell auch wieder zerstört werden. Dennoch versuchen wir als Systemiker immer, das, was kommuniziert wird, daraufhin zu beobachten, welche Bedeutung eine Kommunikation über den semantischen Aspekt des Mitgeteilten hinaus hat: Warum wird dieses ausgewählt und nicht jenes; was würde passieren, wenn wir eine andere Selektion vornehmen würden; was ändert sich, wenn das auf eine andere Art und Weise mitgeteilt würde als auf die, die wir gerade hören; was bedeutet das darauf bezogen, was jeweils vom anderen Kommunikationsteilnehmer verstanden wird?

Teilen Sie das, Herr Lieb?

LIEB Ja, völlig. Wir müssen zudem sehen, dass es auch bei der sogenannten Metakognition kein »Raus aus Sprache« gibt und geben kann. Das zu glauben wäre ein sinnloses Unterfangen, denn man kann nicht raus aus der Sprache. Was man machen kann, ist, die Sprache zu beobachten, und das ist zuerst ein psychisches Ereignis: Wenn ich das, was wir gerade besprechen, beobachte, dann tue ich das mit meiner Psyche. Was ich innerlich daraus mache, kann ich in Sprache bringen. Eine Metakommunikation ist ja in der Regel ein Versuch, das Unwohlsein einer Psyche in einer Beziehung, zum Beispiel in einer Partnerschaft, dadurch zu beseitigen, dass man in einen Metadialog eintritt. »Metadialoge« haben in diesem Kontext das Ziel, dass sich eine oder beide Psychen wieder besser fühlen. Leider kommt aber oft das Gegenteil dabei heraus.

Es kommt das Gegenteil dabei heraus. Im therapeutischen Prozess mit dem Klienten haben Sie aber doch jene problematischen Situationen, in denen Sie auch mal auf die andere Ebene wechseln müssen.

LEVOLD Ja, das ist auch ein ganz wichtiger Punkt. Mit dem Paar-Beispiel habe ich mich auf Spontaninteraktion bezogen. Therapeutische Interaktion nutzt Metakommunikation auf eine sehr spezifische Art und Weise, indem wir zum Beispiel das, was gerade im Gespräch passiert, selbst interessant finden oder versuchen, dies auch dem Klienten als etwas Interessantes nahezubringen, indem ich vielleicht aufgreife, was im Augenblick zwischen uns passiert – das kann ja sehr spannend sein.

Nehmen wir das Beispiel, dass ein Klient lächelt, obwohl er eigentlich etwas erzählt, was sehr bedrückend ist oder Angst auslöst. Dann ist Metakommunikation eine Form, um das, was gerade im therapeutischen Prozess passiert, in irgendeiner Weise in Kommunikation zu bringen. Das erfordert eine konstante Beobachtung seitens des Therapeuten, bei der er erkennen muss – und das ist für Systemiker ziemlich wichtig –, dass es Beobachtungen erster und zweiter Ordnung gibt. Beobachtung erster Ordnung bedeutet, dass ich einen Klienten sehe, der weint; Beobachtung zweiter Ordnung meint, das, was ich beobachte und wahrnehme, wiederum auf seine Bedeutung zu überprüfen. Man muss immer auf unterschiedlichen Kanälen gleichzeitig die Situation versuchen zu erfassen, ohne dass wir das immer schon sofort kommunikativ benutzen. Das ist eine innere Beobachtungsleistung, um eben den Raum offenzuhalten und nicht irgendetwas festzuschreiben oder den Klienten auf etwas festzulegen.

Lieb Ich kenne die Geschichte des Begriffs »Metakommunikation« jetzt nicht, aber ich würde mal unterstellen, dass der Begriff trotz allem Nutzen dann auch eine problematische Komponente hat, wenn er die Idee suggeriert, man könne aus der Kommunikation aussteigen, wenn man »über« Kommunikation redet. Das ist aber eine Illusion. Diese Illusion hat manchmal gute Folgen, erzeugt manchmal aber eben auch jene Probleme oder Machtlosigkeitsgefühle, denen man damit eigentlich entkommen wollte. Man merkt dann, dass man auch mit der Metakommunikation nicht aus der Kommunikation mit all ihren Fallen und Problemen herauskommt. Ich weiß von mir, dass ich an Metakommunikationen schon mehr gelitten habe als an Kommunikationen.

Sie haben gerade gesagt: Wenn Sie beobachten, also auch Sprache beobachten, dann sei das ein psychischer Prozess. Denken Sie in Sprache?

Lieb Ich kann diese Frage gar nicht richtig beantworten. Ich vermute: ja und nein. Ich glaube, es gibt innerlich Vorgänge, zu denen gehören eine Wahrnehmung *und* eine Bezeichnung des Wahrgenommenen. Eine Bezeichnung hat schon sehr viel mit Sprache zu tun, weil sie ja aus dem sozialen Sprachraum stammt.

Bevor aber die Sprache einsetzt, gibt es interpsychische Wahrnehmungen und wohl auch Symbolisierungen dafür, die nicht in Worten fassbar sind. Spätestens allerdings, wenn ich davon irgendjemandem etwas mitteilen möchte, kann ich nicht anders, als es in Sprache zu übersetzen, wie unbeholfen auch immer.

Was ist dieses vorsprachliche Symbolisieren genau? Wie würden Sie das denken?

LIEB Für die Psychoanalyse ist das ein wichtiger Begriff. Auch für die Systemtherapie ist er wichtig. Bei der Psychoanalyse, soweit ich sie verstanden habe, beginnt die Symbolisierung damit, dass körperlich erfahrene Zustände – meistens beginnt es in diesem Strang der Psychoanalyse ja mit einem Trieb – in kognitive oder anderweitige Symbolisierungen übersetzt, nein, nicht in sie »übersetzt«, sondern damit *markiert* werden. Die Fähigkeit, am sozialen Leben teilzuhaben und auch mit sich selbst anders umzugehen, als wir es noch als Kleinkind getan haben, beginnt damit, Wahrnehmungen und Körperwahrnehmungen – die Analytiker sprechen von Trieben – in Begriffe und in Worte zu fassen, wobei es sicher vorsprachliche Symbolisierungen gibt wie diffuse Bilder von der nährenden Brust oder von der Dunkelheit.

Vielleicht darf ich hier kurz ausschweifen: Für mich ist es in der Therapie ein wichtiger Punkt, nicht in die Falle einer typischen therapeutischen Routine zu tappen. Es wird oft so getan, als würde der Therapeut den Klientinnen und Klienten helfen, das, was sie fühlen, zu verbalisieren, also der Therapeut sagt zum Klienten: »Sie fühlen sich so und so«, und dazu werden dann bezeichnende Begriffe verwendet. Das halte ich für ein kritisches Unterfangen, weil dann der Therapeut das Wort für das vorgibt, was der Klient fühlt oder in sich erlebt. Ich hatte einmal in einer Gruppe den Vorgang, dass eine Frau umschrieb, wie es ihr mit ihrem Vater und ihren beiden Eltern ging. Wie sie sich *fühlte,* konnte sie aber nicht so recht benennen. Sofort haben alle begonnen, ihr Worte dafür anzubieten, aber die Frau lehnte einen Begriff nach dem anderen ab. Schließlich kam ich auf die Idee, sie aufzufordern, mal ein ganz eigenes Wort zu wählen, so kam sie am Ende zu der Aussage: ›Ich fühle mich so zweiundvierzig.‹ Vielleicht nannte sie vorher auch eine andere Zahl, aber im Verlauf des Gesprächs nutzte sie und nutzten wir dann diese Sprachfigur aus dem Roman »Per Anhalter durch die Galaxis« von Douglas Adams. Und das war großartig. Von da ab haben wir, wenn es im Gruppengespräch wieder um ihr Thema ging, gesagt: »Also, wenn du dein Zweiundvierzig hast, was tust du dann?« oder Ähnliches.

Geben wir da sprachlich zu viel Konventionelles vor, kann es sein, dass der Psyche Worte vorgegeben werden, wie die Klientinnen und Klienten ihre eigenen Zustände zu beschreiben haben. Und weil dann ja Begriffe verwendet werden, die in der Sprachgemeinschaft vordefiniert sind, wird so auch der Klient mit seinem Erleben »sozialisiert«. Das kann im Einzelfall ausgesprochen hilfreich sein. Darauf könnten wir aber auch bewusst verzichten – oder zumindest abklären, ob der Klient eine solche Sozialisierungshilfe will.

Levold Wenn ich noch mal einen Schritt zurückgehen darf, dann würde ich zuerst von »Zeichen« sprechen. Die gesamte Semiotik, also Zeichenlehre, halte ich für einen sehr interessanten Bereich, weil sie eine mögliche Brücke darstellt zwischen körperlichen, psychischen und sozialen Systemen. Lebende Systeme sind immer Systeme, die auf Zeichen reagieren. Symbole wären schon etwas Komplexeres, weil ein Symbol immer eine vielschichtige Repräsentanz ist für etwas anderes, aber einfache Zeichen sind zunächst Aspekte der »Merkwelt«, wie Jakob Johann von Uexküll postulierte. Aus diesen Zeichen beziehungsweise »Merkmalen«, die alle Organismen aus den von außen einströmenden, ungeordneten Reizen der Umwelt über ihre Sinnesorgane selektieren, wird eine spezifische Wirklichkeit, die

Merkwelt, konstruiert. Diese wird auf eine spezifische Wirkwelt abgestimmt, die wiederum Ausdruck unserer motorischen und technischen Möglichkeiten ist. Die Konstruktion von Wirklichkeit aus einer Umwelt heraus, die als solche von uns nicht erfahrbar ist, und unsere Reaktion auf diese Wirklichkeitserfahrung sind also noch gar nicht an Bewusstsein gebunden, symbolische Kommunikation allerdings sehr wohl.

Mein kleiner Enkel, der ist jetzt zehn Monate alt, kommuniziert intensiv, aber er kann noch gar nicht sprechen. Er versteht jetzt langsam bestimmte Wörter, aber er versteht natürlich keine komplexen sprachlichen Aussagen. Er kommuniziert auf allen möglichen Kanälen, und der Affektausdruck ist dabei auch ein Zeichen, ist immer Information über innere oder äußere Ereignisse. Affekte sind zudem gleichzeitig Moderatoren von körperlichen Impulsen zum Beispiel, die wahrgenommen werden und auf die auch reagiert wird. Alles, was bei uns an körperlichen Signalen, etwa Trieben, auftaucht, wird ja nicht unmittelbar in Handlung umgesetzt, sondern wird immer durch Affekte moderiert, also etwa verstärkt oder abgemildert.

Bei der Frage also, wie wir eigentlich etwas in Sprache bringen, geht es immer darum, wie überhaupt Erfahrung in Sprache eingehen kann. Das gilt auch für die Erfahrung problematischer Episoden. Wir müssen hier immer unterscheiden zwischen *Problemerleben* und *Problemerzählen*. Was wir als Therapeuten hören, ist immer eine Problemerzählung, und die ändert sich im Laufe eines gut gelingenden Therapieprozesses. Man weiß nicht zuletzt aus der Forschung, dass die Art und Weise, wie über Probleme gesprochen wird, am Ende einer Therapie, sofern sie gut gelaufen ist, eine andere ist als am Anfang.

So wie unser Erleben einen Rahmen schafft, der beeinflusst, was und auf welche Weise etwas erzählt werden kann, etwa als Leidensgeschichte, so führt auch eine besondere Art des Sprechens über das Leiden im guten Fall dazu, dass sich das Erleben selbst ändert und dass Dinge eine andere Bedeutung bekommen.

Das ist aber selbstverständlich keine Eins-zu-eins-Entsprechung von Erleben und Versprachlichung. Wir lösen aber im Erleben etwas aus, indem wir anfangen, auf eine andere Art und Weise darüber zu sprechen, als der Klient es in seiner sprachlichen Welt gewohnt ist. Deshalb ist es so wichtig, eben nicht schon mit eigenen vorformatierten Begrifflichkeiten oder Konzepten heranzugehen, weil das letztlich die Möglichkeiten der Klienten, für sich ein neues, passenderes Narrativ zu entwickeln, einschränkt oder schlimmstenfalls sogar zunichtemacht.

Das heißt, Sprache ist für die Prozesse, die innerlich ablaufen, immer auch suboptimal.

Lieb Ja und nein. Nein, weil die Alternative irgendetwas Optimales wäre – und das gibt es nicht. Was sollte das auch sein? Die inneren Prozesse laufen ohnehin ab. In der menschlichen Kultur kommt dann Sprache immer dazu. Sprache ist schlicht unausweichlich. Sie beziehungsweise Kommunikation ereignet sich aber zunächst in einem anderen System als in der Psyche – auch wenn diese dann Sprachfiguren zur Organisation ihres eigenen Geschehens verwendet und man vielleicht innerlich sprechend denkt.

Mir kommt in den Sinn, dass die differenztheoretische konstruktivistische Theorie eine Unterscheidung macht zwischen Distinktion und Indikation. Distinktion ist, dass ich etwas wahrnehme, indem ich es von etwas anderem unterscheide – zum Beispiel A von B oder A von allem anderen in der Welt. Ohne Unterscheidung keine Wahrnehmung. Der Prozess der Bezeichnung oder der Indikation, bei dem ich dem Wahrgenommenen ein Zeichen gebe, kommt aber *sofort* dazu. »Suboptimal« kann es in dem Sinne sein, dass ich aufgrund bestimmter Sozialisations- und Umgebungsbedingungen einen bestimmten Zustand in mir nicht für mich passend zu bezeichnen weiß oder dass ich merke, dass andere mit meiner Bezeichnung nichts anfangen können oder es ganz anders auslegen und mir andere Bezeichnungen einreden wollen. »Suboptimal« würde dann bedeuten, dass verwendete Bezeichnungen jemanden ungut festlegen oder dass verwendete Bezeichnungen ihm keine Optionen eröffnen.

Ein konkretes Beispiel: Ich empfinde etwas und mir wird mitgeteilt, dass das Ärger sei. »Du bist jetzt wütend.« In der Folge übernehme ich das Wort, und dann kann es vielleicht für die Kommunikation optimal sein, weil sich jetzt alle sprachlich geeinigt haben und sich darüber weiter verständigen können. Ich selbst weiß jetzt immerhin, wie ich das, was ich innerlich erlebe, zu nennen habe. Aber für mich kann es trotzdem suboptimal sein, weil in meinem Innenleben noch etwas steckt, das sprachlich mit dem Wort »Wut« einfach nicht erfasst wird.

Das bedeutet, dass man in einem therapeutischen Gespräch immer auch dazu beiträgt, dass und wie jemand seine Aufmerksamkeit nach innen richtet. Es gehört zur Rollenverteilung in der Therapie, dass der Klient dem Therapeuten von seinem Innenleben erzählt beziehungsweise der Therapeut danach fragt und den Klienten dann in seiner diesbezüglichen Aufmerksamkeit steuert.

Therapeuten können Worte für das anbieten, was Klienten von sich berichten. Sie können die Aufmerksamkeit des Klienten gezielt steuern und beim Klienten Innen- und Selbstbeobachtungen anregen. Sie können das aber auch übersteuern, wenn sie dabei zu viel reden. Manchmal ist es wohl besser, wenn sie aufmerksam schweigen und den Klienten bei seinen Innenbeobachtungen nicht stören.

LEVOLD Jetzt kommen wir in den Bereich, in dem es um die Frage von Kategorisierung und Kategorienbildung geht. Daniel Stern, der Psychoanalytiker und Entwicklungspsychologe, der im Laufe seiner Forschung übrigens immer systemischer geworden ist, hat in »Die Lebenserfahrung des Säuglings« sehr schön beschrieben, wie das Erleben und die Kommunikation mit einem Baby auf einer analogen Ebene ablaufen. Die Regulation der körperlichen Grundbedürfnisse und der damit einhergehenden Spannungen, die begleitenden Affekte, die körperlichen und mimischen Interaktionen vollziehen sich immer in einem analogen Kontinuum von mehr oder weniger, stärker oder schwächer, intensiver oder zurückgenommener.

In dem Moment allerdings, in dem Sprache hinzukommt, tritt neben diese analoge Ebene eine Art Digitalisierung der eigenen Wahrnehmung. Das heißt, die Wahrnehmung wird plötzlich durch sprachliche Bezeichnungen in Kategorien gepresst, die die Wirklichkeit in gewisser Weise zerschneiden. Plötzlich ist etwas dieses und nicht jenes. Das ist auf der einen Seite eine unglaubliche Öffnung für das Kind, weil es plötzlich merkt, es kann auf eine Weise an der Welt der Erwachsenen partizipieren, die vorher nicht möglich war; auf der anderen Seite ist es aber auch eine Begrenzung. Deswegen ist die Phase des Spracherwerbs für viele kleine Kinder auch erst einmal eine Krisensituation, weil sie damit konfrontiert sind, dass sie in eine komplexe Welt eintreten, für die sie zunächst keine ausreichenden Begriffe haben. Wenn sie anfangs nur wenige Kategorien wie Mama, Ball oder Wauwau zur Verfügung haben, merken sie, wie wenig sie damit ausrichten können. Gleichzeitig geht mit zunehmender Umstellung der Kommunikation auf Sprache verloren, was vorher da war, nämlich einfach durch Gesten, durch Mimik und so weiter Kommunikation und Bedürfnisbefriedigung regulieren zu können.

Das ist deshalb ein ganz entscheidender Punkt, weil an dieser Stelle plötzlich Kultur und das, was sprachlich an Kategorien im Angebot ist, ins Spiel kommen, und das ist immer sehr stark abhängig davon, in welcher Kultur, in welchem Milieu, in welcher Familie, in welcher Beziehung man groß wird und welche Bezeichnungen mir für das, was ich an mir erlebe, zur Verfügung gestellt werden. In Therapien sehen wir häufig Klienten, die eine bestimmte Sprache benutzen oder sprachliche Kategorien zur Verfügung haben, die womöglich genau das, was sie tatsächlich erleben oder erleiden, nicht wirklich abbilden können.

Unterscheiden lernen

Das affektive Geschehen ist viel komplexer als das, was wir in sprachlichen Zeichen symbolisieren können. Wir wählen aus, was wir bezeichnen.

LIEB Jedenfalls müssen wir funktional unterscheiden, für welches System etwas geeignet ist und für welches nicht. Es kann zum Beispiel sein, dass ein Begriff, den ich zu verwenden gelernt habe, einerseits kommunikativ in meinem sozialen Kontext hoch funktional ist, weil alle immer sofort wissen, was gemeint und wie weiterzumachen ist. Andererseits kann er etwas für mich Wichtiges nicht markieren. Dann kann etwas aus der Psyche nicht in die Kommunikation eingespeist werden. Es gibt ja nichts Dysfunktionales. Wenn es für etwas ein Wort gibt, dann übernimmt es auch eine Funktion im sozialen oder psychischen System. Ein Begriff kann für das eine System hoch funktional sein, für das andere aber nicht.

Es kommt noch eine andere Logik hinzu. Wenn ein Therapeut dem Klienten hilft, seine Gefühle zu benennen, dann gibt es in manchen Therapieverfahren dafür das Hilfsmittel von Bildern, auf denen bestimmte Gesichtsausdrücke abgebildet sind. Die Klienten sollen lernen zu unterscheiden und zu benennen: »Aha, das ist Ärger, das ist Freude, das ist Missmut.« Das ist ein ganz netter und manchmal hilfreicher Vorgang, aber das ist auch ein Sozialisierungsprozess, in dem die Psyche soziokulturellen Vorgaben unterworfen wird, denn das suggeriert, es gäbe eine klassische, ontologische Perspektive darauf: Es *gibt* eine bestimmte Menge von Gefühlen und jedes hat einen Namen und den kannst du anwenden lernen. Ein Therapeut oder Berater, der sich dessen bewusst ist, weiß immerhin, dass er gerade eine erhebliche Art von Sozialisation betreibt, während ein anderer glaubt, er bringe seinem Klienten eine Sprache bei, mit der die *innere* Realität abgebildet würde.

LEVOLD Ja, aber es gibt unterschiedliche Ausprägungen des Phänomens: Erst einmal würde ich mich einer Unterscheidung von Rainer Krause schon aus den Achtzigerjahren anschließen und Affekte von Gefühlen und von Emotionen unterscheiden. »Affekte« sind für mich primär körperliche Reaktionen auf bestimmte Stimuli, äußere oder innere Stimuli. Ein »Gefühl« ist für mich dagegen Affekt plus Sprache. Da kommt der Sozialisationsaspekt mit rein, den du genannt hast. Es ist ja durchaus folgenreich, wenn zum Beispiel ein angespanntes und übermüdetes und überreiztes Kind von den Eltern primär zu hören bekommt, es sei »böse«. Also: »Du stellst dich jetzt auf eine Weise an, die nicht akzeptabel ist.« Das ist dieser Sozialisationsaspekt. »Emotion« würde ich reservieren für das Phänomen Affekt plus Sprache plus Zeit.

Zeit? Das müssen Sie mir erklären.

LEVOLD Emotionen sind komplexere affektiv-kognitive Gestalten, die entwicklungsgeschichtlich erst im fünften, sechsten Lebensjahr auftreten. Dann fängt das Kind an, sich selbst als ein biografisches Subjekt zu erleben und zu beschreiben. Es beginnt, sein Selbst als eine Einheit von vergangenen Episoden zu erleben, an die es sich erinnert und die es als charakteristisch für die eigene Person erlebt. Die Erfahrung wird nun narrativ organisiert. Vorher kann man bei Erzählungen von Kindern nur schlecht unterscheiden, ob sie etwas selbst erlebt haben oder nur etwas nacherzählen. Das ist nun anders. So wie die Vergangenheit mit all ihren affektiven und gefühlsbezogenen Erlebnissen eine Funktion für die Selbstentwicklung bekommt, so spielt nun auch die Zukunft als fantasierter Raum für zukünftige affektiv bedeutsame Erlebnisse eine zunehmende Rolle. Zeit ist hier also der biografische Horizont, auf den sich Emotionen als Organisatoren von Erfahrung beziehen.

Man kann das an einem Beispiel ganz gut beschreiben: Liebe als ein Gefühl wäre zuallererst etwas, was an die aktuelle momentane Situation gebunden ist. Wenn ich in einer Situation frustriert werde oder etwas Negatives erlebe, dann ist dieses Gefühl womöglich schnell wieder weg. Als Erwachsene aber können wir jemanden lieben, obwohl wir gerade eine sehr schlechte Zeit miteinander haben. Zur Liebe als Emotion gehört also die Geschichte der Beziehung ebenso wie der ausgesprochene oder implizite Zukunftsentwurf, der mit ihr verbunden ist. Das macht Krisen in oder gar ein Ende von Beziehungen eben emotional so schmerzhaft, weil dieser ganze Beziehungsentwurf, seine Geschichte und seine Zukunft, plötzlich nicht mehr die Geltung haben wie zuvor – es muss zu einer emotionalen Neuorientierung kommen.

In der Therapie geht es genau um solche narrativen Konstruktionen, die dabei helfen, Problemgeschichten, in der sich affektive und kognitive Elemente verbinden, zu transformieren, mit Sinn auszustatten und im besten Fall zu neuen Entwicklungen beizutragen. Diese Unterscheidung von Affekt, Gefühl und Emotion finde ich hilfreich.

Ich stimme aber zu, dass wir natürlich, sobald wir sprechen, immer Konstruktionen benutzen, die sozial bestimmt sind, aber auch hier macht es natürlich einen Unterschied, ob wir über körperliche oder psychische Phänomene reden. Die Affektforschung beschreibt detailliert, dass es beim Menschen – wie auch bei den meisten höher entwickelten Säugetieren – eine Reihe weniger angeborener Affekte mit affektspezifischen Merkmalen gibt, also zum Beispiel einen bestimmten mimischen Ausdruck, der kulturunabhängig ist, eine Aktivierung der Körpermuskulatur, mit der ein spezifischer Bewegungsimpuls verbunden ist, sowie spezifische neurologische, hormonelle und endokrinologische Aktivierungen, die dafür sorgen, dass wir uns auf lebenswichtige Situationen schnell und ohne nachzudenken einstellen können. Gefühlswörter hingegen haben wir Hunderte, hier kommt die Sprache schon mit hinein. Dabei geht es um die Frage, wie ich Erfahrungen mit innerlichen und äußerlichen Impulsen zusammenbringe und dafür Kategorien finde.

LIEB Das heißt, Gefühle und Emotionen sind schon ein Teil der Kultur?

LEVOLD Ja, immer. Aus dieser Perspektive hat nun natürlich ein sechs Monate altes Baby keine »Gefühle«. Es hat »Affekte«. Und Affekte sind nicht an Bewusstsein gebunden, ein Gefühl schon, ein Gefühl ist immer schon mit der Einführung von Kategorien verknüpft, und zwar immer mit einem Selbstbezug. *Ich* bin traurig, *ich* bin wütend oder *ich* habe Angst. Ein Baby hat natürlich auch schon Angst, allerdings hat es dafür noch kein sprachliches Selbstkonzept.

LIEB In all diesen Betrachtungen steckt für mich etwas sehr Praktisches, Relevantes: Sprache gehört zum Operationsbereich der sozialen Kommunikation ebenso wie zu dem der Psyche. In der Therapie verwendete Worte und Begriffe haben daher ihre Wirkung gleichzeitig in beiden Bereichen. Die sprachliche Bezeichnung eines Gefühls in der kommunikativen Welt hat immer auch eine Auswirkung auf das, was an psychischen Prozessen damit bezeichnet oder mitgeteilt wird und was sich psychisch dann weiter ereignet. Nach Luhmann'scher Theorie würde man hier von »Interpenetration« sprechen: Dein verwendeter Begriff, ein Wort, ist gleichzeitig Teil der Kommunikation und Teil des psychischen Prozesses.

Was heißt das jetzt für die Psychotherapie oder die Beratungsarbeit? Auf einer Metaebene können und sollten wir aufmerksam und sensibel dafür sein, welche Auswirkung die Worte, die gerade im sozialen Raum verwendet werden, auf mich selbst haben. Und ebenso dafür, wie die Worte, die wir gerade verwenden, auf mein Gegenüber wirken. Danach kann man auch fragen!

Bei der Lösungsorientierung ist das beispielsweise ein spannender Punkt: Hier wird ja bei möglichst jeder sprachlichen Formulierung darauf geachtet, dass sie lösungsorientiert ist. Bei der Lösungsorientierung werden zum Beispiel Begriffe eingespeist, die den Klienten als Handelnden rekonstruieren und eine positive Zukunft in den Raum stellen. Wie wirkt das auf die Psyche und das psychische Erleben des Klienten zurück? Manchmal gibt es da nonverbale Zeichen, die zeigen, dass sich etwas öffnet, dass Energie generiert wird oder frei wird, der Körper wird zum Beispiel entspannter oder energetisch gerichteter. Oder es ist umgekehrt: Irgendwas sackt auch bei lösungsorientierter Konversation in sich zusammen.

Man kann nicht vorhersagen, welche Worte welche Wirkung in der Psyche haben. Lösungsorientierung kann sich im inneren Erleben ebenso positiv wie gelegentlich negativ auswirken. Aber man kann das beobachten oder erfragen. Ich kann sensibel dafür sein, wie die Begriffe, die wir in der therapeutischen Kommunikation gerade verwenden und konstruieren, auf das beidseitige Innenleben zurückwirken. Man ist dann mit der Aufmerksamkeit immer auf beiden Ebenen: im Gespräch, also in der Kommunikation, und bei der Beobachtung des eigenen Innenlebens und das des anderen.

Gut, wie ging es denn dieser Frau, wenn es ihr zweiundvierzig ging?

LIEB Sie war erst mal froh darüber, dass diese auf sie einprasselnden Vorschläge, wie sie sich »eigentlich« fühlt oder wie ihr Gefühl richtigerweise »heißt«, ein Ende hatten. Sie hat nachher gesagt, dass ihr das gutgetan habe, von dem Zwang befreit zu sein, sich »verteidigen« zu müssen, dass sie all diese Worte für unpassend hielt. Es war für sie gut, einen Zustand zu haben, der nicht in ein »sozialisiertes Wort«, ich nenne das mal so, übersetzbar war. Damit ging es ihr einfach erst mal gut.

LEVOLD Sie hat ja eigentlich eine individuelle Kategorie erfunden, die alle anderen Kategorien erst mal ausschloss, auch wenn sie mit dieser Filmmetapher gleichzeitig wieder auf ein kulturelles Repertoire zurückgegriffen hat. Das ist eine schöne Geschichte, weil sich die Frau damit der Frage entzogen hat, wie sehr sie sich in den Kategorien, die ihr angeboten wurden, wiederfindet. Sie hat erst mal die Deutungen anderer zurückgewiesen.

Und die damit verbundenen »Schubladen«.

Lieb Das war ein Akt der Individuation.

Levold Die Sache mit den Schubladen betrifft den kritischen Punkt mit den Kategorien. Wir können ja nicht *nicht* kategorisieren. Das ist unmöglich. Wir können nicht darauf verzichten, das, was um uns herum passiert, in irgendeiner Weise in Kategorien zu bringen. Die Frage ist nur: Beobachten wir unsere eigene Art der Kategorisierung so, dass wir wieder Raum für Alternativen eröffnen? Das scheint mir ein Kernaspekt des konstruktivistischen Denkens zu sein, nämlich zu erkennen, dass unsere Kategorien immer kontingent sind. Damit wird die klassische Vorstellung von Kategorien, nämlich dass sie etwas bezeichnen, was in der Natur und in der Realität *wirklich* vorkommt, erledigt, denn wir richten unsere Aufmerksamkeit nur noch darauf, ob die Unterscheidung, die wir gemacht haben, gründlich genug ist.

Eine weitverbreitete Vorstellung, die mit dieser klassischen Konzeption von Kategorien verbunden ist, läuft beispielsweise darauf hinaus, dass Kategorien klare Zuordnungen realer Phänomene erlauben. Diese Frucht ist entweder eine Ingwerknolle oder es ist keine Ingwerknolle. Für die Knolle mag das angehen, auch wenn wir es bei dieser Art botanischer Klassifikation ja immer noch mit einer Konstruktion zu tun haben. George Lakoff zeigt aber in seinem großartigen Buch »Women, Fire, and Dangerous Things«, in dem er sich genau mit diesen Fragen menschlicher Kategorisierungen beschäftigt, dass ein großer Anteil unserer Kategorien keine Kategorien von Dingen sind, sondern von abstrakten Entitäten. Wir kategorisieren Ereignisse, Handlungen, Gefühle, räumliche und soziale Beziehungen sowie abstrakte Entitäten von bemerkenswerter Vielfalt: Regierungen, Krankheiten, Elektronen, soziale Systeme, Störungen und vieles andere mehr. Gerade bei unserem Thema zeigt sich, dass wir eben nicht so einfach sagen können, etwas gehöre in diese Kategorie, aber nicht in jene.

Eleanor Rosch, die als Psychologin das Problem der Kategorisierungen erforscht hat, hat zusammen mit Barbara Lloyd den Begriff der *radialen Kategorien* entwickelt. Mit »radial« meint sie, dass ein *Feld* von Einordnungsmöglichkeiten existiert. In einem solchen Feld gibt es typische und leicht erkennbare Beispiele, die sie Prototypen nennt, und andere, die einer Kategorie nur eher peripher zugeordnet werden können, bei denen vielleicht die Zuordnung selbst schon problematisch ist. Das gilt selbst für Farbkategorien. Wir können uns schnell auf einen Prototyp für Rot einigen, aber es gibt viele Fälle von Rot, bei der die Einordnung in die Kategorie Rot eher schwierig wird: Ist es vielleicht schon Orange? Oder Violett? Für den Bereich der Diagnosen gilt das umso mehr. Wenn wir an schwere Angstzustände denken, fallen uns auch gleich Prototypen ein. Wenn wir erst einmal nur vom Symptom ausgehen, sehen wir, dass extreme Angst mit ihren körperlichen und psychischen Begleiterscheinungen eine Kategorie darstellt, in die man recht sicher Fälle einordnen kann, weil sichtbar ist, dass diese Person jetzt extreme Angst hat – immer vorausgesetzt, wir orientieren uns bei dieser Kategorie nur an Symptomen und nicht etwa an der Frage der Begründetheit von Angst oder ihrer Ursachen oder ihrer Bedeutung im Beziehungssystem und so weiter.

Aber auch bei den Angststörungen gibt es viele Fälle, bei denen eben die Zuordnung zu einer solchen Kategorie schwerfällt. Das liegt nicht daran, dass man mangelndes Wahrnehmungsvermögen hätte oder nicht ausreichend geschult wäre, sondern es liegt daran, dass die Kategorien selbst nicht so eindeutig sind, wie uns die Sprache vorgaukelt oder auch unser Umgang mit ihr, wenn man etwa sieht, wie in der Wissenschaft Kategorien »gepflegt« werden. Genau das ist aber ein sehr bedeutsamer Punkt für das Thema »Diagnosen«. Diagnosen sind Kategorien, die »verlässlich« abbilden sollen, was mit ihnen erfasst werden soll, aber alle diagnostischen Systeme versuchen eigentlich nur, Schubladen zu entwickeln, in die man das tatsächliche subjektive Erleben beziehungsweise ihre Beschreibung durch den Klienten hineinpressen kann.

PSYCHISCHE ERKRANKUNGEN SIND KEINE ENTITÄTEN

»*Psychotherapeutische Kommunikation ist ein Prozess, der sich im Bereich der Herstellung von* Sinn *abspielt.*«
Tom Levold

Empathie

Dieses »kategorienlose« Zweiundvierzig von vorhin gefällt mir, deshalb muss ich noch einmal darauf zurückkommen: Macht eine solche Bezeichnung es Ihnen in der Situation als Therapeut nicht fast unmöglich, in eine Empathie zu gehen?

LIEB Ich würde nicht sagen, dass es Empathie unmöglich macht. Ich würde sogar behaupten, dass es sie enorm fördert, denn die Alternative zu zweiundvierzig wäre ja irgendeine vorgefertigte Kategorie, wie Tom Levold das eben ausgeführt hat. Wenn Empathie davon abhinge, vorgefertigte Kategorien wie »Neid«, »Ärger« oder andere Gefühlsschablonen anzulegen, und das aber beim anderen nicht ankommt oder das von ihm Erlebte nicht angemessen trifft, dann ist der Empathiespielraum eingeengt. Deshalb ist das bekannte Paraphrasieren oft ein Empathieversuch, aber nicht immer ein wirklich weiterführender. Empathie in diesem Zusammenhang sollte sein, zu bemerken, dass beim anderen etwas »ist«, dass der dafür aber kein Wort hat, das er mir mitteilen kann. Der Verzicht, das voreilig oder gegebenenfalls überhaupt in Sprache zu fassen, wäre dann eine spezielle Form von Empathie. Warum muss ich immer gleich ein Wort haben? Ich würde sogar sagen, dass das zu schnelle Kategorisieren den Weg zur Empathie oft schwerer macht. Manchmal hilft das sozial geteilte Wort, aber es kann auch vieles, was sich individuell abspielt, verdecken.

Im Fallbeispiel könnte es also so weit gehen, dass zukünftig alle nickten, wenn die Klientin wieder von ihrer »Zweiundvierzig« spricht: Es ist eine gemeinsame Vorstellung entstanden, wie diffus auch immer die sein mag.

LEVOLD Dann würde man die zweiundvierzig als eine neue Kategorie betrachten. Man kann sie allerdings auch als eine Aussage über Kategorienbildung selbst verstehen. Also anstatt zu sagen, nun lass uns das mal definieren, versteht man die Zweiundvierzig als eine Reaktion darauf, dass andere ihr Kategorien angeboten haben, mit denen sie nicht einverstanden ist. Die haben für sie subjektiv nicht gepasst.

LIEB Empathie ist ja ein sozial verorteter Begriff. A hat Empathie für B. Was für Therapie immer und nicht nur für die systemische wichtig ist, ist, dass ein Begriff, der im Raum steht, anschlussfähig dafür sein muss, die nächste Interaktion in Gang zu setzen. Es geht also nicht darum, eine nächste Kategorie zu erfinden, sondern zu fragen: »Wann fühlen Sie sich zweiundvierzig? Was brauchen Sie, wenn Sie sich zweiundvierzig fühlen? Was können Sie selbst oder andere tun, um zweiundvierzig zu verstärken oder abzuschwächen?« Dann wird diese Kategorie Teil der weiteren Kommunikation darüber. Empathie heißt in diesem Fall Neugier. Es geht nicht um das vermeintlich richtige Wort, sondern darum, was jemand mit dem erlebten Zustand verbindet und wie kommunikativ daran angekoppelt werden kann – wie er in ein zeitliches Kontinuum von individuellen und sozialen Ereignissen eingebettet werden kann.

LEVOLD Ein ganz entscheidendes Wort, was du gerade benutzt hast, ist die Anschlussfähigkeit. Therapie bedeutet, das Gespräch nicht zu schließen, sondern zu öffnen – also Anschluss statt Schluss. Eine Kategorie, mit der man festlegt, das ist dieses oder das ist jenes, ist eigentlich immer ein Schließungsprozess. Der diagnostische Prozess selbst ist damit eigentlich abgeschlossen, weil man jetzt »weiß«, was es ist, welche Ziffer man nach ICD oder DSM einzutragen hat. Demgegenüber ist es in der Psychotherapie aber die Aufgabe, zu sehen, wie es dann weitergeht.

Deswegen sind zum Beispiel Metaphern so wichtig im therapeutischen Prozess, weil sie enorm vielseitig sind im Hinblick auf Anschlusskommunikation, weil sie einen Sinnüberschuss produzieren und herstellen, an den man anschließen kann, weil sie das Gespräch sozusagen in Gang halten. Wenn wir meinen, die »Wahrheit« zu haben oder zu wissen, es ist so und nicht anders, dann ist das Gespräch zu Ende, dann braucht man eigentlich nicht mehr weiterzureden.

Lieb Ich stimme zu, formuliere aber noch mal einen Widerspruch: Es gibt manchmal Fälle, bei denen das Engmachen weiterführt, bei denen man gerade aus einem Engmachen eine Handlungsanleitung folgern kann. Die Medizin ist so ein Engmachen. Wenn der Arzt feststellt, dass wir ein bestimmtes Syndrom haben und eben nicht ein anderes, das differenzialdiagnostisch ausgeschlossen worden ist, dann haben wir eine bewusst eng umrissene Figur, zum Beispiel einen Infekt, und wissen nun, was wir einnehmen oder essen müssen und dass wir uns vielleicht ins Bett legen sollten. Da wird die Welt enger. Es gibt also Arten von Engmachen, die sich positiv auswirken können. Das Öffnen ist ganz wichtig, aber als generelles Konzept können wir aus dem Engmachen allein noch nicht ableiten, dass das nie ein guter Prozess ist.

Levold Aber du wechselst jetzt das Feld. Ich habe das erst mal auf die Kommunikation in einem psychotherapeutischen Prozess bezogen, während du als Alternative eine medizinische Diagnose benutzt. Genau da funktionieren die Übertragungen von der Medizin auf die Psychotherapie nicht. Ich verweise auf das Buch von Peter Fuchs über »Die Verwaltung der vagen Dinge«, der den Unterschied zwischen Medizin und Psychotherapie so bestimmt, dass nämlich Medizin primär ein Feld ist, in dem es um die Kodierung von kodier*baren* Problemen geht, Psychotherapie aber eher mit der Bearbeitung von nicht kodierten oder nicht kodierbaren Problemen zu tun hat. Psychotherapeutische Kommunikation ist ein Prozess, der sich im Bereich der Herstellung von *Sinn* abspielt.

Es gibt den Prozess der Fokussierung, der erst mal auch ein Schließungsprozess ist und der trotzdem sehr spezifisch zu einer Lösung führen kann. Sie haben doch sicher auch mit Klienten zu tun, die ein kleines bisschen »Wahrheit« wollen, das kleine bisschen Messbarkeit, die sich erst mal auf etwas konzentrieren wollen – frustrieren Sie die nicht oft, wenn Sie unentwegt mit »Öffnen« beschäftigt sind?

LEVOLD Ja, das ist ein ganz wichtiger Punkt. Aber ich möchte zuerst noch gerne etwas zu dem Wort »schließen« sagen. Ich meine »schließen« in einem engeren Sinne, wenn wir sagen, so und so sei etwas und dies sei die »Wahrheit«. Nach der Feststellung von Wahrheit können wir aufhören, darüber zu reden, dann beendet das Kommunikation. »Fokussieren« ist für mich etwas ganz anderes und heißt für mich, eine bestimmte Selektion vorzunehmen, die ich für relevant oder wichtig halte. Der Unterschied zwischen Schließung und Anschlussfähigkeit liegt genau darin, dass ich einen Kommunikationsbeitrag immer so formuliere, dass er in unterschiedliche Richtungen weiter fortgeführt werden kann. Wenn man einen Infekt feststellt und sich dabei nicht täuscht, dann gibt es meistens gar keinen weiteren Bedarf, darüber zu sprechen. Dann wird der Arzt aus guten Gründen sagen, das diskutieren wir jetzt nicht weiter. Aber selbst die bloße Vermutung, man könne sich täuschen, ermöglicht auch hier wieder Anschlusskommunikation, etwa die Hinzuziehung einer zweiten Meinung, eine erneute Untersuchung und so weiter.

Der andere Punkt, den Sie jetzt ansprechen, ist, dass Klienten immer schon mit einer Eigenkategorisierung kommen, immer schon eine Idee oder Vorstellung haben, was sie »haben« oder was das sein könnte und ob sie für ihre Vermutung eine Bestätigung bekommen oder nicht. Klienten, und zwar heute mehr denn je, sind natürlich immer schon vorinformiert. Das ist übrigens auch ein Problem in der Medizin, dass Ärzte eben nicht mehr die alleinigen Experten sind, die auf diffuse oder konkrete Beschwerden reagieren und denen dann einen Namen geben, sondern mit Patienten zu tun haben, die schon vorher im Internet recherchiert haben und in diversen symptomspezifischen Internetforen unterwegs waren.

Insofern ist die Idee, die die Klienten davon haben, worunter sie eigentlich leiden, selbst immer schon ein Teil des Problems. Ich muss also immer mit dem Klientennarrativ umgehen. Für mich ist es viel interessanter, zu sehen, vor welchem Hintergrund sich ein Klient selbst mit solchen Konzepten und solchen Begriffen beschäftigt, vielleicht hat das ja schon eine Entlastungsfunktion. Für manche Klienten ist es sicher der Fall, dass es ihnen hilft, wenn sie wissen, sie haben eine »Borderlinestörung«, weil das natürlich immer mit einem Orientierungsgewinn einhergeht. Was dabei möglicherweise verloren geht oder problematisch wird, das ist nicht immer sofort schon sichtbar, aber für viele ist es erst mal durchaus eine Entlastung: Das, worunter ich leide, hat einen Namen. Für andere ist es aber etwas Bedrohliches, weil sie das Gefühl haben, sie werden stigmatisiert oder auf etwas festgelegt. Gerade im Bereich der sogenannten Persönlichkeitsstörungen reagieren viele Klientinnen und Klienten aggressiv auf eine solche Diagnose, weil sie das als eine tiefe Kränkung erleben – Diagnosen von Persönlichkeitsstörungen werden dementsprechend häufig den Klienten erst mal vorenthalten. Es kann also das eine *oder* das andere sein – diese Entscheidung ist aber nicht durch eine Festlegung meinerseits als Therapeut zu klären, sondern kann eben nur im Dialog mit den Klienten zum Thema werden.

LIEB Auch für mich sind wir mit der Frage nach der Schließung oder der Öffnung an einem zentralen Punkt gelandet. Wenn das Gesundheitswesen mit seiner Logik und die systemische Welt mit ihrer Logik aufeinandertreffen, dann treffen auch Schließungskonzepte und Öffnungskonzepte aufeinander. Die Diagnostik ist auf Schließung ausgerichtet oder man kann auch »Komplexitätsreduktion« dazu sagen. Eine Diagnose vereinfacht. Alle Kritiker der herrschenden Diagnostik sind sich darin auch einig: Sie verengt sehr und oft zu sehr. Der systemische Ansatz hingegen ist auf Öffnung aus, ist bemüht, die Konstrukte wieder zu erweitern, zu dekonstruieren. Spannend ist die Frage, wie es nach einer Schließung weitergeht, wie man wieder eine Öffnung herstellen kann.

Ich würde gerne ein Fallbeispiel erzählen, das mich seinerzeit sehr beschäftigt hat, weil ich entgegen meiner sonstigen Haltung recht früh eine Schließung vorgenommen habe, die aber bei der Patientin zu guten Effekten geführt hat. Es kam eine Frau zu mir in die Praxis, Mitte dreißig, und erzählte von ganz verschiedenen Symptomatiken. Darunter immer wieder auch ihre Angst, plötzlich umzufallen. Sie war sehr ratlos. An einer Stelle habe ich ihr gesagt: »Wenn Sie jetzt in die Hände bestimmter Therapeuten kämen, würden die sagen, Sie hätten eine Panikstörung. Dafür gibt es auch eine Diagnoseziffer.« Dann wollte sie ganz viel darüber wissen und ich habe ihr einiges dazu gesagt. Ich konnte ihr auf ihren Wunsch hin auch ein Buch empfehlen dazu, was eine Panikstörung ist und was Experten als Behandlung empfehlen. Sie wollte das nun erst mal lesen, hat es auch gelesen, kam in die nächste Sitzung und sagte: »Herr Lieb, diese Diagnose war meine Heilung! Jetzt weiß ich, was ich habe, und da steht auch drin, dass ich Angst nicht vermeiden soll, sondern dass ich da reingehen muss.«

Natürlich musste ich nachher das Gespräch wieder *öffnen,* denn wenn diese Frau dann nur noch durch die Gegend läuft mit »Ich habe eine Panikstörung«, dann wäre das Leben für sie auf Dauer zu eng. Aber das ist für mich ein Beispiel dafür, dass eine Schließung auch mal gut ankommen und hilfreich sein kann, also anschlussfähig ist und paradoxerweise wieder Räume öffnet. In diesem Fall hat die Schließung der Frau geholfen. Worauf ich hinauswill, ist, dass man Öffnung und Schließung einerseits als konträre Prozesse ansehen muss, andererseits aber auch von einer hilfreichen Dialektik zwischen beiden ausgehen kann. Man muss und sollte nicht von vornherein werten, dass das eine immer besser ist als das andere.

Aus meiner Sicht ist diese Perspektive also auch wichtig, zu fragen, wo Verengungen helfen, um einen Prozess weiterzuentwickeln. Das sollte man nicht a priori aus theoretischen Gründen ausschließen. Die Vergabe einer Diagnose sollte nicht zu früh als unangemessene Verengung definiert werden, sondern auch als eine Möglichkeit, daran die nächsten Schritte anzuschließen.

LEVOLD Diagnosen zu vergeben hat ja erst mal eine pragmatische Funktion, zum Beispiel um zu sagen, jemand habe eine Angst, die nicht sein soll, eine »Angststörung«, oder wie auch immer wir es nennen wollen. Das ist aber etwas anderes, als zu sagen: »Sie haben die Ziffer F 41.« Die Diagnose einer Angststörung hat in diesem Fall nicht nur etwas mit dem trivialen Akt der Vergabe einer F-Ziffer zu tun, sondern bringt einen viel weiteren Kontext in das therapeutische Gespräch hinein, indem ich auf ein System Bezug nehme, das eine eigenständige Klassifikation psychischer Störungen umfasst, mit einem spezifischen Konzept, das dahintersteht, und so weiter. Das legt auch fest, welche Bedeutung diese Störungen in dieser Systematik haben. Diese Klientin konnte mit den Symptomen, die da beschrieben werden, etwas anfangen, weil sie sich und ihr eigenes Erleben darin wiedererkennen konnte.

Und zwar inklusive der Benennung.

LEVOLD Das gab ihr eine Orientierung. Im individuellen Prozess würde auch ich sagen: Wenn das für sie selbst hilfreich war, dann ist das eine gute Möglichkeit, ihr so etwas anzubieten. Wenn für jemanden hilfreich ist, zu sagen: »Ich habe gestern in der Kapelle meditiert und Jesus ist mir begegnet und jetzt bin ich geheilt«, dann wäre das für mich ebenfalls eine gute Form. Ich würde nicht antworten: »Aber woher wollen Sie wissen, dass es Jesus wirklich gibt? Ich bin da sehr skeptisch.« Wenn es solche spirituellen Heilungen gibt, dann wäre das gar nicht mein Punkt. Wenn ich individuell mit jemandem arbeite, dann muss ich seine Wahrnehmung von dem, was ihn beschäftigt oder worunter er leidet, ernst nehmen und auch seine Lösungsmöglichkeiten akzeptieren.

Wenn man sich allerdings ansieht, wie Diagnoseklassifikationen aufgebaut sind, dann sprechen wir von einem ganz anderen Bereich. Da stellen sich die Fragen: Was sind Diagnosen? Wie sind sie konstruiert worden? Wofür sind sie nötig? Welche Rolle spielen sie überhaupt in der Therapie?

Lieb Man muss immer *gemeinsam* beobachten, wie sich eine Verengung oder eine Erweiterung auf die sich daran anschließenden Realitätskonstruktionen und damit verbundenen Verhaltensweisen auswirken. Das lässt sich nur am Einzelfall beobachten und bewerten.

Levold Der große Unterschied ist aber, ob ich als Therapeut sage, ich sehe mir an, womit ein Klient unterwegs ist und was ihm hilft, oder ob ich mein Diagnostikschema schon im Kopf habe. Dann setzt sich vielleicht jemand mir gegenüber in den Sessel, und ich meine erst mal herausfinden zu müssen, welche F-Ziffer ich ihm gebe.

Lieb Das betrifft die Rolle und die Funktion einer Diagnose *innerhalb* des psychotherapeutischen Geschehens.

Levold Das ist die Frage der Kodierung beziehungsweise Kodierbarkeit, die Peter Fuchs meint: ob du nämlich ein Kodierungsschema hast und von vornherein deine Wahrnehmung auf den anderen Menschen mithilfe dieses Schemas verengst oder eben nicht. Das ist in der Medizin erforderlich, wo du sehen musst, was genau die Diagnose ist, damit du das behandeln kannst. Dieser Konnex zwischen Diagnose und Therapie ist aber in der Psychotherapie so nicht gegeben.

Medizinisch-naturwissenschaftliche Verengungen wieder öffnen

Ich kolportiere mal ein Fallbeispiel: Es kommt jemand zu Ihnen in die Praxis und sagt: »Herr L., ich bin heute wieder so F-32-mäßig drauf, ich hab einen Hamilton mindestens über 18.« Was antworten Sie dem?

LEVOLD Ich würde zuerst mal sagen: »Können Sie mir das genauer erklären, was für Sie F 32 bedeutet und was für Sie der Hamilton aussagt?« Ich würde mich interessiert zeigen, weil das eine Form der Selbstbeschreibung ist, die ich so bisher nicht gehört habe.

Wieso »bisher nicht gehört«, wir haben doch vorhin von der Patientin erfahren, die sich »zweiundvierzig« gefühlt hat.

LEVOLD Es kann natürlich sein, dass ich einen Klienten habe, der selbst Psychiater ist und sagt, ich komme wegen F 42. Vom Herangehen würde sich für mich aber nichts ändern.

LIEB Ich würde sagen, das ist ein wunderbares Angebot. Um kommunikativ anzuschließen, müsste man sich einigen, was Sie als Klient von mir erwarten. Ich würde Ihnen wahrscheinlich zuerst gratulieren, dass Sie so ein klares Konzept über sich haben, und fragen, was Ihnen die Diagnose sagt. Und ich würde mit Ihnen herausarbeiten: Wie geht es Ihnen mit der F 32? Was soll *ich* nun machen – was können *wir beide* zusammen hier tun?

Ja, ich komme schon einigermaßen klar damit, aber es wäre gut, wenn Sie den Hamilton auf unter 16 drücken könnten.

LIEB Okay, wunderbar. Das heißt, Sie kommen her, um das runterzudrücken. Schön. Und wer hat, aus Ihrer Sicht, den Drücker dafür in der Hand?

Ja, Sie, denn Sie sind ja der Fachmann. Ich jedenfalls weiß nicht weiter.

Lieb Das heißt, mit Ihrer Diagnose sind Sie selbst nicht viel weitergekommen?

Na ja, ich weiß, dass Sie als Psychotherapeuten das so nennen.

Lieb Haben Sie denn eine Vorstellung davon, was ich dafür tun kann, den Hamilton zu »drücken«? Ich kann Ihnen Medikamente empfehlen, wir können gemeinsam joggen. Haben Sie schon einmal die Erfahrung gemacht, wie jemand Ihren Hamilton runterdrücken konnte?

Ja, als ich das letzte Mal in der Klinik war und zurückgekommen bin, da ging es mir schon besser.

Lieb Glauben Sie, das lag daran, dass die Therapeuten das irgendwie runtergedrückt haben?

Ja, ich glaube schon.

Lieb Und wie?

Ja, mit all den Programmen, die die so haben. Wir waren schon um sechs Uhr morgens in der Gymnastik, waren um acht walken und haben viel darüber gesprochen, was wir in unserem Leben verbessern wollen. Das hat mir alles geholfen.

Lieb Meinen Sie, ich solle das Gleiche jetzt auch mit Ihnen machen?

Ja, vielleicht ist das die Lösung.

Lieb Das heißt, ich soll jetzt sagen: »Gehen Sie raus, gehen Sie joggen!« Oder hoffen Sie, dass ich etwas anderes finde?

Ja, vielleicht haben Sie ja noch Ideen. Mein allerbester Freund hat gesagt, ich soll mal zu Ihnen gehen, Sie wären bei ihm sehr hilfreich gewesen.

Lieb Also, er hat mich in den Himmel gelobt?

Jedenfalls kurz davor.

Lieb Soll ich vielleicht ein bisschen besser sein als die anderen? Ich mache das gerne, aber noch weiß ich nicht, wie ich drücken kann und ob da überhaupt etwas in meiner Macht liegt. Falls ja, würde ich das natürlich für Sie versuchen. Wenn ich den Wert drücken kann, dann mache ich es, sollte es Ihnen damit bessergehen. Aber ich weiß noch nicht, wie. Offenbar denken Sie, ich sei jetzt am Drücker. Ich habe noch eine Frage dazu: Glauben Sie, dass das nur an mir liegt, oder glauben Sie, es liegt auch an Ihnen – könnten wir auch irgendwie zusammenarbeiten?

Ich kann schon viel selbst tun, klar, aber ich glaube, ich bin so einer, der braucht manchmal den Impuls von außen. Mir muss mal jemand sagen: Geh' doch mal diesen Weg!

Levold Das war eine interessante Interaktion. Wir sehen, es braucht keine Diagnose. Sie waren inzwischen ganz weit weg von der Ausgangsdiagnose. Eigentlich geht es um die Frage, wer übernimmt in der Interaktion wofür Verantwortung.
Lieb Genau. Und um das zu klären, greifen wir die Selbstbeschreibung des Patienten auf.
Levold Im Grunde ist es ein Interaktionsangebot: »Mach du was, was mir helfen kann!« Indem der Therapeut das nicht einfach übernimmt, sondern erst mal hinterfragt und überlegt, wie der Beitrag aussieht, der jeweils geleistet werden kann, und woran man merken könnte, ob der hilfreich ist, ist man sofort in der Verhandlung. Es geht um das Verhandeln, was in der Kommuni-

kation zwischen ihnen beiden möglich ist. Damit sind wir schon weg von der Frage, was das Problem »ist« oder wie das Problem heißt. Die Bezeichnung, die Sie als Klient eingeführt hatten, hat sofort schon eine Implikation, nämlich: Um die Skala unterhalb eines bestimmten Wertes zu bekommen, muss etwas getan werden. Die entscheidenden Fragen waren, von wem und wer ist der Initiator, also derjenige, der das »macht«. Damit zusammen hängt auch schon die Erfolgszuschreibung. In der Klinik waren es die anderen. Somit war sofort die Rückfrage des Therapeuten: »Können Sie etwas dafür tun oder müssen das andere machen?« Dann ist man schon bei der Interaktion und weg von der ursprünglichen Diagnose.

Lieb In dieser Interaktion habe ich die Diagnose, die Sie als Klient mitgebracht haben, sowohl angenommen als auch nicht übernommen. Ich bin nicht dagegen angegangen, sondern habe sie für den therapeutischen Dialog genutzt.

Da sind wir bei der Frage, wie wir einen produktiven Umgang mit Diagnosen finden, wenn sie einmal im Raum stehen. Man muss unterscheiden zwischen jenem Vorgang, bei dem ein Therapeut nach dem Bericht seines Klienten eine Diagnose erstellt und sie zur Grundlage weiterer therapeutischen Interventionen macht, und jenem, bei dem schon zu Beginn der Therapie eine Diagnose im Raum steht – entweder weil der Klient sich selbst eine gegeben hat oder weil sie von einem Vorbehandler stammt. Im letzten Fall sollten wir Ideen haben, wie wir durch Anschluss an eine solche schon ins Spiel gebrachte Diagnose zu neuen Denk- und Handlungsmöglichkeiten kommen, egal welcher Therapieschule wir angehören. Die Systemtherapie kann dazu aufgrund ihrer konstruktivistischen Grundlage besonders viel anbieten. Im Kern geht es um die Kunst der Dekonstruktion fester Konzepte und Begriffe, wie es Michael White oder auch Jan Wirth beschrieben haben.

Levold Eine spannende Frage ist auch, was da eigentlich die Diagnose ist. Wie bringt sich der Klient selbst in den Bezug zu einer

F-Ziffer. Schon das ist ein Diagnostikum. Die F-Ziffer selbst finde ich nicht das Zentrale, ich finde zentral, wie der Klient sein Problem eigentlich ins Gespräch bringt.

Also, Sie hätten mich aufgefordert, mal mein Problem zu beschreiben?

LEVOLD Ja. Ich hätte vielleicht gefragt, wie Sie das F 32 denn jeweils bemerken.

Ja, ich komme morgens total schlecht aus dem Bett. Es war schon ganz knapp, dass ich überhaupt hier mit Ihnen die Zeit eingehalten habe.

LEVOLD Ist das immer gleich oder gibt es Ausnahmen? Mich interessiert, welche Wahrnehmung jemand von seinen Problemen hat. Das ist für mich eine andere Form von Diagnostizieren. Ich kann hören, *wie* Sie über Ihr Problem sprechen. Wenn Klienten über ein Problem reden, ist das rein sprachlich immer schon eine Interaktionsgeschichte: Ich *und* mein Problem, also ich bin erst mal »Problembesitzer«. Und das Problem ist etwas, was wiederum etwas mit mir macht. Mein Problem kann mich bedrängen, verstören, fertigmachen, quälen oder wie auch immer. Die Art und Weise, wie über Probleme gesprochen wird, hat schon was mit dieser Interaktionsstruktur zwischen mir und meinem Problem zu tun. Das gibt viele diagnostische Hinweise darauf, wie ich im therapeutischen Prozess vorgehen kann. Unter Diagnosen im therapeutischen Prozess sollten wir nicht nur die Einordnung von Phänomenen und Symptomen in ein Klassifikationssystem verstehen. Viel wichtiger ist das Erkennen von Möglichkeiten, wie ich das »Material«, also das, was ich sehe und höre, ordnen kann, um mir ein Bild zu machen.

LIEB In diesem von dir beschriebenen Fall wird das »Diagnostizieren« ein Teil der Interaktion. Ich hätte vorhin auch die Frage stellen können: »Moment mal, Sie sagen F 32, wie lange haben Sie das denn schon, ist das wirklich F 32? Und wenn F 32, ist es dann F 32.0, also eine leichte Form von Depression, oder eine schwerere?« Dann ordne ich Sie als Klienten in mein Kategoriensystem ein, dann dominiert Letzteres mich und die Interaktion mit dem Klienten und dann kreist man primär um die Frage, welches die richtige Diagnose ist.

Das folgt einer ganz anderen Logik und vermutlich nimmt der Therapieprozess dann einen anderen Verlauf. So kann man auch vorgehen und hat gegebenenfalls auch Erfolg damit – wer immer den wie definiert! Aber dann haben wir keinen Dialog, viel eher ein Abfragen oder Beobachten des Klienten durch einen Experten, der dann die dabei erhobenen Daten für sich auswertet und vielleicht mitteilt, zum Beispiel im Sinne einer »Psychoedukation«, wie das heute oft genannt wird. Dann haben wir eine klar asymmetrische Beziehung zwischen Experten und Klienten. Vielleicht würde ich in unserem Fall dann sagen: »Tut mir leid, Sie täuschen sich, das ist nicht F 32, das ist F 33. Sie haben es nämlich schon öfter im Leben gehabt.« Plötzlich geht es darum, wie ich *Daten über Sie* nutzen kann, um *für mich* die »richtige« Diagnose zu stellen.

LEVOLD Das wäre der Arzt, der die Lungenentzündung diagnostiziert.

LIEB Der daraus ja vielleicht auch etwas Sinnvolles und für den Klienten Hilfreiches ableiten kann. Nehmen wir mal an, ich könnte dem Klienten danach sagen: »Wissen Sie, wenn das nicht F 32, sondern F 33 ist, dann müssen wir jetzt ganz anders vorgehen. Dann sollten wir auf verschiedene Phasen in Ihrem Leben blicken und uns ansehen, ob es da bestimmte Wiederholungen im Hinblick auf das gibt, was Sie mit F 32 meinen.« So könnte vielleicht etwas Vernünftiges daraus werden. Ich persönlich würde mir aber mehr von einem dialogischen Disput über eine im Raum stehende Diagnose erwarten. »Diagnostizieren als Interaktion«, als Teil der Kommunikation dürfte erheblich weiter führen als der Versuch einer Klärung, welche nun die »richtige Diagnose« ist.

Ich habe mal Gunthard Weber in einem Workshop erlebt, in dem er zunächst ein Fallbeispiel von einem psychotischen Klienten berichtete. Der war ins Therapiezimmer gekommen, hatte sich in den Sessel gesetzt und sofort gesagt: »Herr Doktor, ich hab' eine Psychose.« Weber fragte ihn daraufhin: »Na ja, haben Sie die dabei?« Spontan fand ich diese Frage ziemlich doof. Aber die verblüffende Antwort war: »Nein.« Und schon hat man die »Ausnahme« hergestellt. »Aha, Sie haben die gar nicht immer«, konstatierte Weber also. Manchmal brauchen Sie eine hohe Intuition, was die Fragen angeht, oder?

LEVOLD Genau das meinte ich eben. Wenn ich über ein Problem rede oder eine Krankheit oder eine Störung, dann habe ich sofort eine Interaktionsbeziehung mit meinem Problem. Das kann ich therapeutisch nutzen. Wenn jemand sagt, er habe eine Schizophrenie und deswegen sei er nicht in der Lage, das zu tun, was er eigentlich gerne tun wolle, dann kann man fragen: »Zu wie viel Prozent, glauben Sie, ist Ihr Verhalten durch Ihre Schizophrenie bestimmt und zu wie viel Prozent können Sie das frei entscheiden?« Antwortet er darauf, zu 90 Prozent sei es die Schizophrenie, dann fangen wir mal mit den anderen 10 Prozent an, die er frei nutzen kann. Das heißt, die Frage, wie stark lasse ich mich durch meine Problemwahrnehmungen einengen oder nicht, ist eine Schlüsselfrage. Den Blick auf die eigenen Einflussmöglichkeiten muss ich im therapeutischen Prozess in irgendeiner Weise in Bewegung bringen.

LIEB Ich komme noch einmal auf den zuvor schon erwähnten Unterschied zurück, ob der Klient ein Diagnosekonzept mitbringt oder ob der Therapeut das einführt. In beiden Fällen kann man die Frage stellen: Wofür oder für welchen Bereich hat die Diagnose eine Funktion? Wie heißt das Problem, für das die Diagnose eine Lösung ist – oder besser: Was lässt sich als Problem beschreiben, für das die Diagnose eine Lösung anbietet? Brauche *ich* sie? Löst sie ein Problem *von mir*? Nützt sie mir im Dialog? Oder *muss* ich eine Diagnose vergeben, weil ich Mitglied in einem System bin, zu dessen Spielregeln die Vergabe einer Diagnose gehört? Zum Beispiel das Gesundheitssystem, in dem ich den Krankenkassen eine liefern muss, damit die meine Leistungen bezahlen?

Die Rolle der Diagnose innerhalb einer Therapie und ihre Rolle in den Kontextsystemen der Therapie sollte man klar auseinanderhalten. Es passiert oft und vor allem dann, wenn man ontologisch von »wahren« Diagnosen ausgeht, dass Diagnosen aus dem Funktionsbereich des Gesundheitswesens in den Therapieprozess hineingetragen werden und dort dann mächtig wirksam sind. Ich denke, dass Diagnosen im Wesentlichen eine Funktion im Gesundheitssystem haben und weniger für gute Therapieprozesse – obwohl es Letzteres auch gibt.

Standardisierung und Klassifikation

Die etablierte Form des Diagnostizierens wurde schon oft und wird bis heute immer wieder stark kritisiert. Was im therapeutischen Prozess blockiert die Diagnostik denn alles?

LEVOLD Na ja, *so* viel Kritisches über die standardisierte Diagnostik ist leider gar nicht zu lesen. Sie ist ja *das* dominante Modell. Im Bereich der Psychiatrie kann man getrost von einer Hegemonie solcher Klassifikationssysteme sprechen. Die Schwierigkeiten, die sich damit verbinden, liegen letztlich zum einen in einem biologischen Paradigma des Verständnisses von Krankheiten und Störungen, zum anderen in einer Individualisierung von Diagnosen, die den sozialen Kontext psychischen Leidens systematisch ausblendet. Beides führt eher davon weg, genauer hinzusehen, was wir in therapeutischen Prozessen benötigen.

Wofür brauchen wir Diagnostik in der Psychotherapie? Die ganze Geschichte der Standardisierung von Diagnosen zeigt, dass sie kein Ergebnis der Bemühungen von Psychotherapeuten war und ist, sondern anderen Bereichen entstammt: etwa aus der Politik oder dem Gesundheitssystem, also aus den Schaltstellen der ökonomischen Steuerung, die eine Grundlage brauchen für die Entscheidungen, für welche Zwecke Geld ausgegeben werden soll, für was bezahlt wird und, vor allem, für was *nicht* bezahlt wird.

Darüber hinaus entstammt das Interesse nach einer Standardisierung von Diagnosen natürlich auch in erheblichem Maße dem Forschungsbereich. Quantitative Forschung funktioniert nur, wenn man konsistente Datenmengen zur Verfügung hat, damit man beispielsweise Patientengruppen bilden und vergleichen kann. Individuelle Krankengeschichten sind aus dieser Perspektive nicht besonders interessant. Erst wenn über Kategorienbildung halbwegs reliable Zuordnungen zu Störungskategorien oder Krankheitsbildern möglich werden, glaubt man zum Beispiel störungsspezifische Interventionen wissenschaftlich-statistisch untersuchen zu können.

Die zugrunde liegende Frage, ob wir neben diesen nachvollziehbaren Motiven eine standardisierte Diagnostik überhaupt für die Gestaltung des therapeutischen Prozesses selbst brauchen, ist aber sehr kritisch zu beantworten und gerät aus meiner Sicht zunehmend unter die Räder des aktuellen Psychotherapiediskurses. Das diagnostische Denken im Sinne der Anwendung standardisierter Diagnostiksysteme wird den psychotherapeutischen Prozessen immer dominanter aufgepfropft.

Meine Hauptkritik ist dabei, dass das zu einer Medikalisierung sozialer und psychischer Prozesse führt. Das ist aber nicht nur eine fachliche Frage, sondern hat viel mit der Entwicklung von Professionen und mit den damit verbundenen Machtkämpfen zu tun, es hat etwas mit politischen und ökonomischen Aspekten zu tun und schließlich auch mit den Veränderungen, die sich in unserer ganzen Kultur vollziehen: Die Menschen selbst, jeder von uns, übernehmen zunehmend eine medikalisierte Perspektive auf ihr eigenes Leben. Ihre vielfältige Lebenspraxis wird immer mehr in das binäre Schema gesund/krank hineingepresst, egal ob es dabei um psychische und soziale Konflikte beziehungsweise Probleme geht oder auch nur um die Stigmatisierung von potenziell gesundheitsschädlichen Verhaltensweisen wie Rauchen, Bewegungsmangel und so weiter. Das finde ich höchst problematisch, vor allen Dingen weil der Raum für alternative Diskurse immer kleiner wird. Das ist ein kultureller Schließungsprozess. Die Systemiker spielen natürlich in dem ganzen Konzert nur die letzte Geige und sind manchmal sogar nur als Stimmen aus dem Hintergrund zu vernehmen, jedenfalls sind sie nicht maßgeblich am Diskurs über Diagnosen beteiligt.

LIEB Wenn man Augen und Ohren in diese Richtung öffnet, wird dennoch vieles von dieser Kritik vernehmbar. In dem populären Bestseller »Normal. Gegen die Inflation psychiatrischer Diagnosen« von Allen Frances steht viel Fundiertes zur Kritik an Diagnosen. Heiner Keupp hat nebst anderen seit mehr als drei Jahrzehnten auf das Problem der Privatisierung und Individualisierung gesellschaftlicher Probleme und auf die »Gesellschaftsvergessenheit« von Psychotherapeuten hingewiesen, was sich in der Vergabe von Individualdiagnosen ganz besonders zeigt.

Interessant ist, dass trotzdem die Diagnosenorientierung ein sehr machtvolles Eigenleben führt, das von der Kritik, die viele teilen, gar nicht erreicht und vor allem nicht beeinflusst wird. Es ist eine interessante und notwendig zu beantwortende Frage, warum die seit Jahren bekannte und belegte Kritik die andere Seite nicht erreicht oder dort nicht zu nennenswerten Veränderungen führt. Aus systemischer Sicht ist die Antwort relativ leicht zu finden: Das liegt an der Eigenlogik aller autopoietischen Systeme beziehungsweise an der Autopoiese oder der Selbstorganisation aller gesellschaftlichen Funktionsbereiche – hier das des Gesundheitssystems, das sich nicht durch Argumente und schon gar nicht durch deren moralische Unterfütterung von außen verändern lässt. Sie können besser »von innen« verändert werden, aber auch dabei gibt es innerhalb der Logiken der einzelnen Systeme deutliche Grenzen.

Aber noch einmal zu Ihrer Frage nach den Hauptkritikpunkten an Diagnosen und als Ergänzung zu dem, was Tom Levold gerade dazu ausgeführt hat. Ich möchte auf vier Probleme von Diagnosen hinweisen:

Das erste ist die häufige und sprachlich fast automatisch mit der Vergabe einer Diagnose verbundene Ontologisierung.

Das zweite hängt damit zusammen und besteht darin, dass mit einer Diagnose sprachlich ebenso automatisch eine Erklärung für das verbunden wird, was mit der Diagnose bezeichnet wird. Auch wenn in den heutigen Varianten des DSM und der ICD immer explizit ausgeführt wird, Diagnosen seien reine

Beschreibungskategorien ohne ätiologische, erklärende Komponenten, werden Diagnosen doch immer auch ontologisiert und als Erklärungsfiguren verwendet. Man geht dann von der realen Existenz dieser Störung aus und erklärt damit, *warum* sich jemand so oder so fühlt, denkt oder verhält. Der Patient *hat* dann etwas. Der Klient »hat« dann die F 32. Er fühlt sich niedergeschlagen und depressiv, *weil* er eine Depression »hat«. Die Tautologie dieser Figur bleibt im Alltagsgeschehen verborgen. »Psychische Erkrankungen« sind aber Konstruktionen von Beobachtern und keine feststellbaren ontologischen Entitäten, die man mit irgendwelchen Instrumenten darstellen könnte. Sie sind Wahrnehmungskonstruktionen. Übersieht man das, werden schnell »Krankheiten« behandelt und nicht mehr mit *Personen Dialoge* geführt.

Ein drittes Problem ist, dass Diagnostikkonzepte immer auch Rollenzuschreibungen implizieren und Erwartungsadressierungen organisieren. In dem Moment – wie in unserem Dialog vorhin –, in dem eine Diagnose im Raum steht, wird sie offen oder latent mit »Krankheit« verknüpft. Und damit ist dann – explizit oder implizit – verbunden, wer nun zuständig für die Lösung ist: der Arzt beziehungsweise der Therapeut oder das von ihm verabreichte Medikament beziehungsweise die von ihm vorgenommene Intervention. Diagnosen gehen so gut wie immer damit einher, dass Klienten mit einer entsprechenden Erwartung an den Arzt oder an den Therapeuten kommen. Zusätzlich ist eine Diagnose immer mit einem Defizit verbunden. Man kann sich noch so um eine ressourcenorientierte Diagnostik bemühen, es hat schon einen Grund, warum die ressourcenorientierte Diagnostik im Krankenkassenwesen nicht gelandet ist und meines Erachtens auch nie landen wird. Das halte ich inzwischen für ein aussichtsloses Unternehmen. Diagnosen sind immer mit einer Defizitorientierung verbunden. Und das wiederum wirkt zurück auf diejenigen, die Diagnosen vergeben, und auf die, denen Diagnosen gegeben werden.

Nebenbei bemerkt, geht bei den eben geschilderten Verwendungskontexten von Diagnosen die Frage verloren, warum das mit der Diagnose bezeichnete Verhalten in einem bestimmten Lebenskontext eine sehr *sinnvolle* Lösung sein kann. Die Krankheitsvorstellung ersetzt dann den Sinn, den das Verhalten im Lebenskontext hat. Die Frage nach dem jeweiligen Sinn der diagnostizierten Phänomene geht dabei auch deshalb verloren, weil diese Form des Diagnostizierens eben mit einer Defizitorientierung einhergeht.

Was mir schließlich noch als viertes Problem einfällt, das ist die Pathologisierung des Normalen. Die Ausweitung des DSM führt zu einer immer weitergehenden Pathologisierung normalen Verhaltens. Im DSM-5 werden ganz neue Krankheiten definiert. Auch das kann man bei Allen Frances detailliert nachlesen – etwa die Pathologisierung des Trauerns oder die der Wut von Kindern.

LEVOLD Wobei Frances ja nicht den Ansatz des DSM als solchen kritisiert, sondern eigentlich nur, dass seine Anwendung gegenwärtig völlig übertrieben wird und zu einer massiven Pharmakologisierung von psychischen Problemen führt. Die Pharmaindustrie bekommt einen immer größeren Einfluss in dieser ganzen Dynamik – natürlich aus gut nachvollziehbaren Interessen. Frances ist aber ebenfalls ein biologisch orientierter Psychiater, das muss man schon auch sehen. Der verteidigt das DSM-III und vor allem das DSM-IV, dessen Entstehung er selbst geleitet hat, und kritisiert jetzt nur das DSM-5.

LIEB Die Wirkung vom DSM-IV kritisiert auch er?

LEVOLD Ja, aber er betont, dass er sich zwar für die Auswirkungen verantwortlich fühle, diese seien aber nicht intendiert gewesen. Er bringt hier eine Naivität auf seiner Seite zur Rechtfertigung vor, die schon überrascht. Die ganze Medikalisierung beginnt ja natürlich nicht erst mit dem DSM-5, sondern viel früher. Der Wechsel vom DSM-II zum DSM-III war ein entscheidender Paradigmenwechsel, der einerseits Dinge vereinfacht und durch die strikte Symptomorientierung auch auf viele explizite und implizite Bewertungen verzichtet und damit zu einer gewissen Entmoralisierung bestimmter Störungsbilder geführt hat, andererseits aber gleichzeitig eine Rebiologisierung des Verständnisses psychischer Probleme mit sich brachte.

Bei aller Kritik, aber wenn ich mit Praktikern spreche, meine ich wahrzunehmen, dass sie trotz der diagnostischen Engführung doch versuchen, vieles mitzuberücksichtigen. Das erscheint mir in der Praxis nicht alles so monokausal gesehen zu werden. Und was den Ontologisierungsvorwurf betrifft, frage ich mich, ob wir wirklich so oft eine Ontologisierung voraussetzen oder aber nicht längst wissen, dass es keine Ontologisierung psychischer Erkrankungen geben kann.

LEVOLD Man muss die beiden Punkte getrennt diskutieren. Der erste bezieht sich auf die Frage der Verursachung von Störungen. Mit dem DSM-III wurde ein großer Wandel vollzogen, weil zum ersten Mal die Idee aufgegeben wurde, dass zur Diagnose einer Krankheit auch eine kausale Erklärung gehört. Vorher galt der Grundsatz: Keine Diagnose ohne Ätiologie.

Spannend ist unter einer systemischen Perspektive, dass beim DSM-II die systemischen Kontexte noch am ehesten berücksichtigt worden sind, weil dort viele Störungen als Reaktion auf belastende Erfahrungen mit der Umwelt beschrieben wurden. Das war auch schon in der ersten Fassung des DSM der Fall. Das DSM-I wurde von einer Gruppe amerikanischer Psychiater, die bei der Armee beschäftigt waren, entwickelt, die sich fragten, wie sie mit den unterschiedlichen Belastungsstörungen umgehen sollten, die sie bei Soldaten und Kriegsveteranen festgestellt hatten. Bei deren Problem ging es ganz klar um reaktive Bewältigungsversuche. Hier haben wir schon einen Vorläufer der ganzen gegenwärtigen Psychotraumatologie, verbunden mit psychoanalytischen Konzepten der Neurosenbildung und so weiter.

In der zweiten Fassung des DSM, die von Adolf Meyer, einem Schweizer Psychiater, der in die USA emigriert war, verantwortet wurde, wurden dann psychoanalytische Konzepte noch mal stärker eingearbeitet. Das Beharren auf einer Ätiologie bei der Diagnosestellung stammt also aus der psychoanalytischen Tradition. Bis in die Sechzigerjahre hinein war die Psychoanalyse in der US-amerikanischen Psychiatrie absolut hegemonial, aber gleichzeitig sehr stark in der medizinischen Profession verankert – Freuds Ideen zur Laienanalyse, also zur Psychotherapie durch Nichtärzte, spielten in dieser Zeit in den USA keine Rolle.

Das DSM-III wurde dann 1968 veröffentlicht. Die Autorengruppe wurde von dem amerikanischen Psychiater Robert Spitzer geleitet. Der Mann hatte völlig freie Hand bei der Auswahl der Kollegen und der inhaltlichen Ausrichtung, und es ist wirklich überaus erstaunlich, wie ein einzelner Mensch für eine gesamte Zunft Leitlinien bestimmen und festlegen konnte, wie Diagnostik betrieben werden müsste. Diagnosen sind ja nicht nur unter erkenntnistheoretischen Gesichtspunkten Wirklichkeitskonstruktionen, sondern ganz praktisch Ergebnis von Entscheidungen in Gruppen und Gremien. Das ist schon interessant, dass Spitzer sich seine Gruppe selbst ausgesucht hat und von der Amerikanischen Psychiatrischen Vereinigung in keiner Weise kontrolliert wurde. Er hat im Grunde genommen die Formulierungen des DSM-III persönlich verantwortet – und war darauf bis zu seinem Tode auch sehr stolz.

Der entscheidende Schritt damals war, zu sagen: Wir verzichten auf die Ätiologie und beschreiben Diagnosen ausschließlich anhand von Symptomen. Dass trotzdem immer noch eine implizite Erklärung dahintersteht, wie Hans das eben formuliert hat, ist offensichtlich. Es ging dabei also nicht um die Idee, dass psychische Erkrankungen keine Ursachen hätten, sondern es war völlig klar, dass die Ursachen biologischer Natur sind, aber nicht benannt werden können, weil wir sie nicht wissen. Deshalb wurden Diagnosen rein deskriptiv nach Symptomen eingeteilt, über die sich Beobachter im günstigen Fall einigen können.

Spitzer war aber dennoch ein Neokraepelinianer, der versucht hat, mit dem DSM eine biologische Nomenklatur im medizinischen Kontext zu schaffen. Das war übrigens auch verbunden mit dem Versuch, das Ansehen der Psychiater in der Gesellschaft, das in den Sechzigerjahren schwer beschädigt war, wieder zu rehabilitieren. Die Psychiater waren nämlich durch die damals üblichen vielen Zwangsmaßnahmen, durch Elektroschocktherapie, Lobotomie und nicht zuletzt auch durch die Experimente von David Rosenhan sehr in Verruf geraten. Rosenhan hatte gezeigt, dass gesunde Versuchspersonen, die unter Vortäuschung psychiatrischer Symptome eine Aufnahme in einer psychiatrischen Klinik erwirkt hatten, vom Personal tatsächlich psychiatrisch diagnostiziert wurden und dann trotz der Aufdeckung des Versuchs in der Klinik festgehalten wurden – während die Mitpatienten übrigens den Charakter des Experimentes schnell durchschauten.

Der Versuch also, die Diagnostik zu rebiologisieren und damit wieder auf eine naturwissenschaftliche Basis zu bringen, war ein Unternehmen, das Robert Spitzer zu verdanken ist. Wie gesagt, steckte trotz aller deskriptiven Bescheidenheit auch hier eine Idee von Kausalität dahinter. Das Problem ist dabei grundsätzlich, dass der Nachweis biologisch-kausaler Zusammenhänge bis heute nicht gelungen ist – und das wissen selbst alle biologisch orientierten Psychiater. Die behaupten auch gar nicht, sie könnten die Kausalkette ohne Probleme ableiten, nehmen aber die Setzung vor, psychische Probleme seien medizinische Probleme, nur sei die Erforschung der Ursachen noch nicht so weit, wie das in der somatischen Medizin der Fall ist.

Aus diesem Grund sage ich, dass auch hinter einer deskriptiven Klassifikation natürlich eine Ontologisierung steckt, denn die Idee und die Bilder, die dabei vermittelt werden, suggerieren, es gäbe »in der Natur« oder »in der Realität« tatsächlich solche Phänomene.

LIEB Ich finde es eher einen Fortschritt in der DSM-Entwicklung, dass mit der Vergabe einer Diagnose auf Kausalitätsannahmen verzichtet wird. Streng genommen verbindet sich mit einer Diagnose per se nicht notwendig eine Kausalitätsannahme. Man kann eine Diagnose auch ohne Erklärung verwenden. Kritisch an manchen Varianten der Diagnosekritik ist, dass denen, die Diagnosen verwenden, gelegentlich etwas zugeschrieben wird, was für sie gar nicht zutrifft.

Ich bin ja auch in der Verhaltenstherapie zu Hause und ich kenne viele verhaltenstherapeutische Kollegen, die Diagnosen ganz bewusst verwenden und sie definitiv nicht als Erklärungsmodell ansehen. Die sagen ihren Klienten: »Das nennen wir so, weil die Krankenkassen das brauchen.« In der Verhaltenstherapie hieß das früher einmal eine »doppelte Buchführung«. Sie sagen ganz transparent: Wir brauchen Diagnosen für die Krankenkassen, aber damit ist für unsere therapeutische Arbeit noch nichts erklärt. Meistens verwenden sie dann ein Multikausalitätskonzept oder ein Diathese-Stress-Modell, in dem auch subjektive Faktoren des Klienten vorkommen, inklusive der Frage danach, ob es auch einen positiven Sinn gibt, so zu sein, wie es die Diagnose beschreibt.

Ich erlebe aber, dass es in bestimmten klinischen Kontexten schwer möglich ist, diesen dialogischen Umgang mit Diagnosen konsequent zu befolgen. In den meisten führen die diagnostischen Konstrukte, ob man will oder nicht, ein Eigenleben. Manchmal bemerke ich in einer Therapie, dass ich denke: »Ah ja, dieser Klient hat ja das und das«, und diese Denkfigur kann dann, wenn ich nicht aufpasse, meine weitere Aufmerksamkeit steuern. Man muss also, wenn man im klinischen Kontext arbeitet, schon sehr aufmerksam sein und sich permanent fragen, wie man sich seinen »Fall« gerade konstruiert oder welche Rolle eine Diagnose spielt.

Ich habe in der Einleitung eines Buches über Generalisierte Angststörungen einmal gelesen, manche Patienten wüssten gar nicht, dass sie an einer solchen litten. Wer merkt schon, was da mit einem einzigen Satz alles mittransportiert wird, wenn man den für sich übernimmt.

Levold Vor allen Dingen, weil es oft von Fachleuten hinter dem Rücken der Beteiligten erfolgt. Man muss auch gar nicht selbst ontologisieren, damit es als Ontologisierung fortwirkt.

Lieb Auch unter Systemikern.

Levold Ja, und zwar selbst dann, wenn sie es explizit nicht wollen. Im Lehrbuch zum störungsspezifischen Wissen von Jochen Schweitzer und Arist von Schlippe wird beispielsweise gleich in der Einleitung der Hinweis gegeben, dass im Buch die ganze Zeit von Krankheiten die Rede sein würde, dass man »Krankheit« aber natürlich in Anführungszeichen denken müsse. Weil das aber beim Lesen sehr stören würde, lassen die Autoren die Anführungszeichen eben doch weg. Das ist genau die Krux: Wenn wir Begriffe auf eine bestimmte Art und Weise verwenden, dann vergessen wir im Laufe der Zeit den Verwendungshinweis. Er ist nicht aufrechtzuerhalten. Das führt dazu, dass etwas zu einer »Realität« wird, die wir selbst erschaffen, auch wenn wir uns eigentlich in Ausnahmesituationen immer wieder deutlich machen, dass es so aber gar nicht gemeint ist. Unter der Hand wird es zu dem, was es nicht werden soll.

Ich beobachte das als Supervisor ständig in der Psychiatrie, da wird immer sofort danach gefragt, was für eine Diagnose jemand hat, als würde das irgendwas erklären. Interessanterweise spielt dann bei der Frage, wie man ganz praktisch mit dem Patienten umgehen sollte, also worauf man im therapeutischen Prozess achten muss, die Diagnose keine große Rolle mehr. Das heißt, man muss am Anfang wissen, was die Krankenkasse braucht, damit die Kosten übernommen werden und die Leistung der Klinik abgerechnet werden kann, aber für den therapeutischen Prozess ist das keine zentrale Entscheidung.

Mir fällt im Umgang mit Therapeuten auch oft auf, wie sehr einerseits Diagnosen abgelehnt, wie oft sie andererseits aber verwendet werden. Wenn Psychotherapeuten einen Menschen beobachten, wird sehr schnell mit solchen Labels gearbeitet. Auch das ist ein permanentes Zuschreiben solcher tendenziell negativ gemeinter Beschreibungen.

LEVOLD Das gibt es auch unter Systemikern. Die hören sich einen Vortrag an, wie man solche Labels vermeiden soll, und in der Kaffeepause unterhält man sich dann über den »paranoiden« oder »depressiven« Kollegen.

LIEB Aus meiner Sicht ist es notwendig, dass man aus einem Pro und Kontra beziehungsweise aus der Frage »Kritik oder Nichtkritik?« herauskommt. Man muss akzeptieren, dass die Begriffe nun mal verwendet werden, dass Kausalitätskonzepte unterwegs sind und dass ontologische Vorstellungen immer mitschwingen. Nur dagegen zu sein führt nicht weiter und ist ja auch nichts Neues. Was wir tun können, ist, das alles theoretisch gut zu erfassen und dann kreativ damit umzugehen. In meinen Augen bietet die Systemtheorie dafür die beste Theoriearchitektur.

Ich möchte Stichworte, die Sie beide schon genannt haben, noch einmal aufgreifen: Wie sehen Sie denn eigentlich diese Entwicklung, dass wir mal mit wenigen Dutzend Diagnosen begonnen hatten vor Jahrzehnten, inzwischen aber bei mehreren Hundert angelangt sind? Heutzutage machen wir schon leichte Normabweichungen zu Krankheiten. Was für eine Dynamik steckt eigentlich dahinter?

LEVOLD Diese Medikalisierung in einem wirklich breiten Umfang lässt immer mehr alltägliche Phänomene psychischer und sozialer Art zum Gegenstand medizinischer oder medizinanaloger Überlegungen werden. Das hat natürlich etwas damit zu tun, dass bestimmte gesellschaftliche Akteure daran ein großes Interesse haben. An erster Stelle die Pharmaindustrie. Wenn man bei Allen Frances liest, dass allein in den USA 50 Milliarden Dollar pro Jahr für Antidepressiva und Neuroleptika ausgegeben werden, dann ist das ein Wirtschaftsfaktor in unglaublichem Ausmaß. Hinzu kommt noch, dass es den Pharmakonzernen in den USA erlaubt ist, ihre Erzeugnisse zu Werbezwecken direkt an die privaten Endanwender zu schicken, nach dem Motto: »Wenn es Ihnen schlecht geht, probieren Sie doch dies hier mal, und sollte es Ihnen guttun, gehen Sie zum Arzt und bestellen mehr davon.«

Unser Leben ist zunehmend dem Zugriff medizinischen Denkens ausgesetzt. Das ist nicht die Schuld von Ärzten; ich betrachte keine Profession direkt als Verursacher, auch wenn die medizinischen Berufe natürlich mit einem Eigeninteresse daran beteiligt sind, aber darüber hinaus zeigt sich hier ein gesamtkultureller Wandel, der dazu geführt hat, dass wir heute ganz anders über Gesundheit und Krankheit nachdenken als früher. Auch die Psychologie ist daran natürlich seit Jahrzehnten beteiligt, wir können eine umfassende Therapeutisierung der Gesellschaft beobachten. Eva Illouz spricht in ihrem Buch »Errettung der modernen Seele« von 2009 vom zwanzigsten Jahrhundert als »psychotherapeutischem Jahrhundert«. Unterschiedliche Sinnangebote seitens der Medizin, aber auch seitens der Psychotherapie oder der Psychologie allgemein reagieren auf solche kulturellen Veränderungen, und die Menschen beginnen selbst, sich zunehmend in solchen therapeutischen Kategorien zu beschreiben. Nachfrage erzeugt Angebote, Angebote erzeugen Nachfrage. Darüber hinaus stecken auch ganz handfeste allgemein-, berufs-, wirtschafts- und industriepolitische Motive dahinter, die diesen Kreislauf anheizen und in Gang halten.

Nachdem der psychotherapeutische Diskurs in seinen unterschiedlichen Facetten seit den Sechzigerjahren eine größere Eigenständigkeit gegenüber dem medizinischen Feld bekommen hatte, sehe ich heute, dass sich das wieder ändert, und zwar in einem immer größeren Ausmaß. Die Praxis der psychosozialen Berufe wird immer mehr durch solche biologischen und medizinischen Sichtweisen überformt. Der völlig überzogene

Hype um die Hirnforschung und die Bedeutung der Genetik für psychische Belastungen zeugen davon.

Die Zunahme von Diagnosen zeigt, dass immer mehr Verhaltensweisen und Reaktionen aus dem breiten Spektrum menschlicher Dispositionen dieser Perspektive unterworfen werden.

Auch unsere heutigen Präventionskonzepte sind von dieser Medikalisierung menschlicher Lebenspraxis längst betroffen. In dreißig Jahren wird einem wahrscheinlich schon das Recht abgesprochen, überhaupt übergewichtig sein zu dürfen – wir erleben eine umfassende Disziplinierung des Körpers. Gesundheits- und Fitnesswahn, Vorsorgeuntersuchungen zu allem und jedem sind nur ein Vorgeschmack von dem, was noch kommen wird. Jeder einzelne Mensch selbst wird zum Agenten diese Medikalisierung, die jetzt auch durch Apps unterstützt und befördert wird. Jeder kann sie auf sein Smartphone laden. Zu dieser Form der Selbstdisziplinierung hat Michel Foucault ja schon in der vordigitalen Zeit viel geschrieben, die technischen Möglichkeiten der Zukunft bringen das in eine ganz neue Dimension. Das ist ein Problem, das uns auch sicher psychotherapeutisch in Zukunft noch mehr zu schaffen machen wird.

LIEB Ich würde gerne noch eine weitere große Zeitfolie drüberlegen: Die »Diagnostiziererei« hat historisch begonnen mit der Feststellung von Todesursachen. Da ging es nur um Krankheiten, die zum Tode führten. Eine These könnte sein, dass heute Diagnosen nicht aus Todesursachen abgeleitet werden und damit aus Krankheitskonzepten, sondern von einem Gesundheitskonzept. Explizit oder implizit gesellt sich zur Diagnose von Todesursachen die Vorstellung von einem guten oder funktional gesunden Leben. Dann werden Krankheiten abgeleitet und definiert als Abweichung von Gesundheit – und dann kommen natürlich noch die Pharmainteressen und die der »Gesundheitsförderungsindustrie« dazu.

Es gibt hierzu das wichtige Buch »Die andere Seite der ›Gesundheit‹« von Fritz Simon, dass man in dem Moment, in dem Gesundheit als Ziel von Therapie definiert wird, die Markierung umdreht. Man kann Krankheiten markieren und sagen, alles andere nennen wir hinreichend »gesund«. Man kann aber auch Gesundheit markieren und sagen, alles, was nicht in diesem Sinne gesund ist, nennen wir »krank«. Wenn wir so herangehen, erzeugen wir zum einen eine Flut von Diagnosen und unterwerfen Menschen zum anderen einem Gesundheitsdiktat.

Levold Ja, das stimmt. Das erlebe ich auch im Bereich des Präventionsdenkens. Gesundheit als Ziel zu haben kennt ja keinen eingebauten Stoppmechanismus mehr. Wenn ich eine Krankheit behandle, kann ich irgendwann sagen, genug behandelt, jetzt können wir damit aufhören. »Prävention« hat so einen eingebauten Stoppmechanismus nicht. Das heißt, die Optimierung von bestimmten biologischen Funktionswerten ist dann eigentlich unbegrenzt.

Lieb Das hat eine hohe Relevanz, wenn man Psychotherapie als Krankenbehandlung definiert, auch die systemische Therapie will ja Krankenbehandlung werden im Sinne eines Richtlinienverfahrens. Immer aber, wenn Psychotherapie als Krankenbehandlung definiert wird, lauert die Frage im Hintergrund: Wann ist dann die Krankenbehandlung beendet? Man kann es sinnvollerweise eigentlich nur so definieren, dass man innerhalb der Krankenlogik bleibt und sagt, eine Therapie sei abgeschlossen, sobald ein bestimmtes Ausmaß an Krankheitsleiden – was immer das dann ist – weg ist. Man könnte aber auch sagen, sie sei dann beendet, wenn ein Klient Ziele wie Lebenszufriedenheit erreicht hat. Oder wenn der Therapeut meint, sein Klient führe in seinem Verständnis jetzt ein gesundes Leben. Wenn er noch nicht so weit ist, bestünde eben noch eine Behandlungsindikation. Das würde für die Krankenkassen und die Krankendefinition unglaublich schwierig. Für Krankenkassen würde das sehr teuer, weil ein Ende der Therapie dann oft nicht in Sicht wäre.

Levold Aber dem ist ein Riegel vorgeschoben, weil das Leiden allein ja nicht berechtigt, eine Psychotherapie zu machen.

LIEB Sondern?

LEVOLD Es muss ja auf jeden Fall eine »Störung mit Krankheitswert« vorliegen. Das ist ja schon eine pathologisierte Definition, denn jemand muss aufzeigbare Symptome haben, ob derjenige selbst leidet oder nicht, ist dabei nicht sehr entscheidend, es sei denn, die Form des Leidens lässt sich selbst als Symptom beschreiben.

LIEB Aber dann wäre ja das Kriterium, wenn man von der Krankenlogik ausgeht, dass die mit der Diagnose bezeichneten Symptome nicht mehr vorhanden sind. Dies wäre das Ende einer Krankenbehandlung.

LEVOLD Ja, dann ist Ende. Aber der interessante Punkt für mich ist dabei, dass die Tatsache, dass jemand subjektiv sehr leidet, ihm nichts nützt, wenn er keine klassifizierten Symptome hat.

Und die Krankheitswertigkeit ist eine Fremdzuschreibung.

LIEB Für die Logik des Gesundheitswesens als Funktionsbereich der Gesellschaft ist der Begriff der Krankheitswertigkeit überlebensnotwendig. Wenn dort nicht mehr unterschieden werden könnte zwischen krank und gesund, würde dieses System zusammenbrechen. Somit geht es um die Definition von »Krankheitswertigkeit«.

LEVOLD Die Frage, was wird als Störung mit Krankheitswert anerkannt, ist natürlich eine hochgradig politische Frage. Im DSM-5 haben die Autoren auf die massive Kritik, die schon im Vorfeld kam, reagiert und gerade noch die Notbremse gezogen: Eigentlich hatten sie vorgesehen, auch eine Klasse *potenzieller* Krankheiten als behandlungsbedürftig aufzunehmen. Das hätte die Schleusen geöffnet, denn dann hätte man beispielsweise auch schon Jugendliche behandeln können, die aufgrund bestimmter Kriterien *möglicherweise* irgendwann einmal eine Psychose oder Ähnliches entwickeln könnten. Das haben sie aber in letzter Minute gestoppt. Was sie allerdings nicht mehr rausgenommen haben, ist zum Beispiel, dass eine schwere Depression diagnostiziert werden kann, wenn jemand einen Angehörigen verliert und länger als vierzehn Tage massive Trauer zeigt.

Da stellt sich die Frage: Was steckt dahinter? Wer hat ein Interesse an einer solchen Umformulierung? Wofür zahlt das System und wofür zahlt es nicht? Die Geschichte des DSM zeigt, dass sich in der Konstruktion von Diagnosen sehr unterschiedliche Interessen widerspiegeln, keineswegs nur wissenschaftliche Erkenntnisse. Ein gutes Beispiel dafür ist die Homosexualität, die mit der Einführung des DSM-III nicht mehr als Krankheit galt. Das hatte aber nichts damit zu tun, dass die Fachleute ihre Meinung hierzu geändert hatten. Das Argument war nicht: Wir streichen das jetzt mal, weil das ein überholtes psychoanalytisches Denken ist. Homosexualität war für die meisten Psychiater in den Sechzigerjahren nach wie vor eine psychische Krankheit. 1970 wurde eine große Konferenz der Amerikanischen Psychiatrischen Vereinigung, APA, von Aktivisten der Schwulenbewegung gestürmt, die sich gegen ihre Pathologisierung zur Wehr gesetzt haben. Sie stellten die *politische* Forderung auf, Homosexualität als Krankheit aus dem DSM zu streichen. Rein fachlich war das hochgradig umstritten.

Es existierte jedoch damals bereits eine geheime Vereinigung schwuler amerikanischer Psychiater, die sich jedes Jahr nach den offiziellen Kongressen trafen. Die Mitglieder dieser Gruppe haben dann Robert Spitzer zu ihrem Treffen eingeladen. Spitzer ist der Einladung tatsächlich gefolgt und war überrascht, dass die ihm alle ziemlich gesund erschienen. Bei diesem Treffen hat die Gruppe ihn davon überzeugen können, Homosexualität aus dem DSM zu streichen.

Zwar gab es danach immer noch eine Kategorie für Homosexualität als eine Art neurotischer Fehlentwicklung, aber generell war Homosexualität fortan keine psychiatrische Störung mehr. Es handelt sich also historisch um ein Ergebnis eines politischen Aushandlungsprozesses. Wäre es wirklich um eine wissenschaftliche Position gegangen, dann hätten die Wissenschaftler erst einmal darauf beharren müssen, wissenschaftliche Beweise zu prüfen. Im Gegenteil, die Homosexualität wurde aus politischen Gründen gestrichen. Man wollte sich dieses Problem mit den Schwulengruppen vom Hals schaffen. Interessant wird es, wenn wir hinterher das Ganze als Ergebnis wissenschaftlicher Überlegungen verkauft bekommen, denn die Wissenschaftlichkeit gehört zum Selbstverständnis derjenigen, die das anwenden, also Psychotherapeuten zum Beispiel. Aus wissenschaftlicher Perspektive erscheint die Idee, dass Homosexualität eine psychische Störung ist, heute natürlich absurd. Man sieht aber daran, wie vielschichtig die Konstruktion von Wirklichkeit ist, bis hin in den Bereich politischer Entscheidungen.

LIEB Das zeigt, wie diese Begriffe, wenn sie in einem bestimmten Kontext eingeführt oder auch wieder ausgeführt werden, das Denken prägen, denn dann denken nicht nur Psychiater, sondern tendenziell sehr viele Menschen, Homosexualität wäre eine Krankheit, weil das ja in so einem Fachregister steht. Wird das herausgenommen, denken im Laufe der Zeit immer weniger Menschen, es handle sich um eine Krankheit. Und das von dir geschilderte Geschehen zeigt, dass es oft politische und auch gesetzliche Veränderungen sind, die zu einem neuen Denken führen, das dann zehn Jahre später alle als Selbstverständlichkeit ansehen.

Es gibt wissenschaftlich fundierte Befürworter der Diagnostik, die zum Beispiel sagen, sie sei nötig für die fachliche Kommunikation oder auch gut für die Ausbildung der jungen Leute, weil erst mit einem klaren Symptomkatalog die Sensibilität für bestimmte psychische Phänomene gefördert werden könne. Auch die Symptome bei einem klaren Namen nennen zu können, würde die Betroffenen und ihre Angehörigen erst einmal entlasten, insbesondere von persönlichen Schuldgefühlen. Die andere Seite der Ontologisierung wäre also die Objektivierung, mit der sich der Betroffene von der Erkran-

kung distanzieren kann. Ich bin nun kein »Versager« mehr und bin auch nicht »schuld«.

Lieb Das sind ernst zu nehmende Argumente. Wenn ein Leiden ganz bewusst durch eine ontologisch konstruierte Instanz erklärt wird, kann das eine gute und gegebenenfalls therapeutisch bewusst nutzbare Option sein. In der Systemtherapie ist das unter dem Stichwort »Externalisierung« bekannt. Dann ist es beispielsweise nicht das Kind, das einnässt, sondern die Instanz »Pinki«, die es zum Einnässen verführt. Die gleiche Figur kann auch in der Erwachsenentherapie verwendet werden.

Krankheit als Erklärungskonstrukt, das Optionen erweitert und Leidensaspekte reduziert, habe ich in der Verhaltenstherapie bei der Behandlung von Zwängen kennengelernt. Wenn ein Klient den Zwang verspürt, zu waschen oder zu kontrollieren und demzufolge gequält mit sich selbst ringt, ob er das Zwangsritual durchführen muss oder es unterlassen soll, dann kann ihm folgender, in der VT gelegentlich genutzte Satz helfen: »It's not me, it's my OCD« (OCD = Obsessive Compulsive Disorder). Also in etwa: »Was mich da zur Zwangshandlung auffordert, bin ich nicht selbst, das ist meine Zwangserkrankung.« Mit einem solchen ontologisierenden Krankheitskonstrukt kann also ein Klient auch einmal neue Optionen erlangen, hier eben die, eine ritualisierte, anstrengende Zwangshandlung nicht ausführen zu müssen.

Es geht wieder um die Funktion von Diagnosen in bestimmten Verwendungskontexten. Man muss das Problem sehen und ernst nehmen, für das Diagnosen in manchen Kontexten eine Lösung sind. Dann kann man auch nach funktional äquivalenten und eventuell besseren Lösungen suchen – und wird sie auch finden. Eine Lösung, die Diagnosen ebenfalls anbieten, ist, dass sie die Kommunikation über Probleme dadurch vereinfachen, dass sie Komplexität reduzieren. Man muss dann nicht die Vielfalt jedes Einzelfalls im Auge haben, sondern hat es mit einem bestimmten Cluster von Problemen zu tun.

Wenn jemand nur noch vierundvierzig Kilogramm wiegt, sich in einem fürchterlichen körperlichen Zustand befindet und das ganze Denken und der Blick auf die Welt davon abhängt, welche Bedeutung das Essen und die Körperfigur haben, dann nennen wir das zur Vereinfachung und zur Organisation der weiteren Kommunikation eben »Magersucht« oder »Essstörung«. Diese clusternde und kategorisierende Bezeichnung hat eine kommunikative Funktion. Dann kann ich meinen Kollegen sagen, die Frau X oder der Herr Y hat die und die Störung, und das kann unsere Kommunikation darüber einfacher machen und sie gegebenenfalls auch fördern.

Um solche Klassifikationen kommen wir nicht herum – schon gar nicht in klinischen Kontexten. Hilfreich daran ist, dass man sich interkollegial schneller austauschen kann über Erfahrungen damit, über dafür vorhandenes »klinisches Wissen« und sicher auch über erfolgreiche oder ganz und gar nicht erfolgreiche Interventionen. Man muss da nicht gleich den Teufel der Manualisierung an die Wand malen. Manchmal leiten sich daraus sehr wohl erste Ideen ab, wie ich als Therapeut darauf reagieren könnte. Das können dann hilfreiche kategoriale Beschreibungen sein, aus denen sich verschiedene Ideen ableiten lassen. Warum nicht? Das machen wir doch sonst im Leben auch so.

LEVOLD Mit Einschränkungen würde ich zustimmen: Michael Buchholz hat 1998 betont, Diagnostik sei etwas, das in der Umwelt von Psychotherapie stattfindet, aber nicht Teil von Therapie selbst sei. Psychotherapie ist, und da teile ich seine Meinung, keine Wissenschaft, sondern eine Profession, in deren Umwelt Prozesse und Systeme zu finden sind, auf die natürlich Therapeuten Rücksicht nehmen und mit denen sie in Interaktion treten müssen, zum Beispiel Forschung und Wissenschaft, Diagnostik, Gesundheitspolitik und so weiter. Insofern glaube ich, dass wir gar nicht umhinkommen, dass eine Gesellschaft nur für die Behandlung bestimmter, zu benennender Problemlagen die

Kosten übernehmen kann, für andere nicht. Das muss benannt werden. Wir brauchen bestimmte Kategorien, um uns mit Systemen außerhalb der Therapie zu verständigen, das ist völlig klar.

Die spannenden Fragen sind aber doch: Welche Beschreibungen werden denn zugelassen, welche nicht und aus welchen Gründen? Wenn ein Mädchen nur noch vierundvierzig Kilogramm wiegt, dann werden wir uns relativ schnell darüber einig, dass das als ein Prototyp von »Magersucht« gelten kann. Aber diese Diagnose legt ja fest, was man *ist* und was man *nicht ist.* Es ist also dann eine Magersucht – und nichts anderes. Diese Zuordnung ist aber auch in der klinischen Praxis oft viel schwieriger, weil die klinischen Konstellationen komplexer sind, als eine Diagnose es nahelegt. Der Begriff der Komorbidität ist dafür eine Notlösung, insofern er besagt, dass jemand eben zwei oder mehr psychische Störungen gleichzeitig hat. Dieser Begriff löst das Problem aber auch nicht, weil er auch nur additiv arbeitet.

Eine ganz andere Form des Denkens wäre: Da sitzt jemand vor mir und der kann nicht essen, denkt aber die ganze Zeit nur ans Essen, der hört vielleicht auch noch Stimmen und hat zusätzlich schlechte Gefühle. Anders gesagt: Ich arbeite mit jemandem, dem es schlecht geht, und zwar auf mehrfache Art und Weise. Dafür brauche ich doch nicht drei verschiedene »Krankheiten«, die ich nun auf drei verschiedene Weisen behandeln muss. Das ist auch ein Teil dieser Kategorisierungsidee, dass man das so zergliedern könne. Wenn wir eher auf die Person sehen und auf die Geschichte dieser Person, auf die Art des Erlebens und auf die Selbstdarstellung dieser Person, dann lässt sich das nicht mehr so ohne Weiteres in die eine *oder* die andere Kategorie einordnen.

Insofern ist das Kategorisieren wichtig, um mit anderen Systemen kommunizieren zu können, gleichzeitig stellt sich aber die Frage, ob das die einzig mögliche Form ist. Müssen wir nicht gesellschaftlich immer wieder darauf hinweisen, dass diese Form der Kategorisierung womöglich nicht geeignet ist? Das ist auch meine Kritik an den Bemühungen um die Anerkennung der Systemischen Therapie als Richtlinienverfahren, du hast das angesprochen, Hans. Pragmatisch besteht ja gar kein Zweifel daran, dass wir die Diagnosen benutzen müssen, wenn wir abrechnen wollen mit den Krankenkassen. Wenn aber nun die Pragmatik als Argument benutzt wird, das Diagnosesystem zu akzeptieren, ist das eine ganz andere Geschichte. Da wird aus meiner Sicht eigentlich eine inhaltliche Position geräumt, deren Vertretung gerade im gegenwärtigen gesellschaftlichen Kontext bitter nötig wäre.

Psychotherapeutisch spielt die Diagnostik keine große Rolle, selbst in der Psychiatrie nur bedingt, außer bei der Vergabe von Medikamenten. Als Fallsupervisor erlebe ich in der Psychiatrie oft, dass am Anfang zwar festgestellt wird, was die Diagnose ist oder sein könnte, damit der Patient eine Ziffer bekommt. Für die Frage, was man mit einem Patienten auf der Station therapeutisch machen sollte, stehen aber ganz andere Aspekte im Vordergrund. Das heißt, für den Umgang mit der Umwelt von Psychotherapie ist die Diagnostik bedeutsam, aber die systemische Kritik an solchen Diagnosesystemen sollte gerade dann nicht aufgegeben werden, wenn die Systemische Therapie als Richtlinienverfahren anerkannt wird.

LIEB Ja und nein. Ich stimme zu, dass Diagnosen oft und oft ausschließlich der Kommunikation mit und in der Umwelt des Therapiesystems dienen. Diesen Ansatz von Michael Buchholz finde ich ausgesprochen klug und hilfreich. Aber ich stimme nicht zu, dass es die andere Seite nicht auch geben kann und auch gibt: eine positive Funktion der Diagnose im Therapiegeschehen selbst. Das gab und gibt es auch in der Geschichte der Systemtherapie. Angesichts der Diagnose »Magersucht« verweise ich als Beispiel auf den systemischen Lehrfilm »Ana Ex« des Instituts für Systemische Therapie Wien. Dort wird vermittels eines Gesprächs mit einer Puppe herausgearbeitet, mit welcher Strategie die von der Puppe gespielte Instanz jemanden zum Hungern mit allem Drum und Dran verführt und wie sich die so Verführten dann wieder aus der »Magersuchtfalle« befreien können. In der von mir zusammen mit Wilhelm Rotthaus herausgegebenen Reihe »Störungen systemisch behandeln« zeigen die Autoren der Bücher, wie man innerhalb des systemischen Ansatzes störungsspezifische Konzepte in der Therapie nutzen kann.

Ich plädiere daher für ein Sowohl-als-auch. Versteht man eine Diagnose konsequent als Landkarte, dann kann und muss kritisch gefragt werden: Wozu wird sie verwendet? In welchem Kontext? Wem schadet sie, wem nützt sie? Diagnosen als Landkarte verbunden mit einem Landkartenbewusstsein und nicht als Kategorisierung von Menschen – das kann sehr nützlich sein.

Wenn ich die diagnostische Kategorisierung eines Angstzustandes als Landkarte verwende, kann ich die Logik, die daraus entsteht, aufgreifen und aus der Landkarte »Angst« gegebenenfalls eine Therapiestrategie ableiten. So kann die Diagnose als Landkarte hilfreich sein.

Levold Aber die Landkarte ist doch nicht die Diagnose. Die Landkarte besteht aus den gesammelten Erfahrungen der Klienten.

Lieb Ich finde, eine Diagnose ist auch eine Landkarte.

Levold Wenn wir die Metapher von der Landkarte benutzen, frage ich dich: Was ist das Land? Die Landkarte in Bezug auf ein psychisches oder ein soziales Phänomen ist doch etwas anderes als eine Landkarte von einem Territorium.

Lieb Wenn jemand sagt, er fühle sich oft unsicher, habe Herzrasen und gehe deshalb kaum noch aus dem Haus, dann sind in meinem Sinne diese vom Patienten erwähnten Vorgänge und Phänomene das von ihm beschriebene Land. Dann kann ich fragen, was er damit meint, und so tun, als habe er »zweiundvierzig« gesagt. Ich kann aber auch sagen: »Nehmen wir mal an, wir verwenden dafür die Landkarte Angstproblematik, was würde das dann bedeuten – wie weit können wir damit kommen?« Das kann ein nützlicher Prozess werden.

LEVOLD Ich finde die Landkartenmetapher auch ganz gut, wenn man sie zur Orientierung verwendet: Wo ist man gerade und wo will man hin? Wenn man die Landkarte aber als Repräsentanz von einem Land sieht, dann wären wir wiederum bei der Ontologisierung. Was ist denn dann das Land? Sofort suchen wir wieder nach etwas Greifbarem, Sichtbarem, objektiv Beobachtbarem. Dann wird eine Krankheit zum Beispiel zu etwas im Gehirn, das wir neurologisch oder mikrobiologisch oder epigenetisch erforschen müssen; es gibt ja diese Position, das alles sei früher oder später neurophysiologisch aufklärbar und Psychotherapie beschäftige sich nur mehr mit davon abgeleiteten Epiphänomenen. Oder sagen wir, Angst ist erst mal ein Phänomen, das zu einer bestimmten Form von Erfahrung führt, mit der wir uns auseinandersetzen müssen in der Therapie.

SINNHAFT SPRECHEN, ABER WIE?

»*Besteht ein Klient auf der Sinnkonstruktion ›Krankheit‹ (›Ich bin krank‹), und zwar egal, ob er das selbst meint oder ob das ein Hausarzt oder ein Psychiater gesagt hat, dann hilft es mir, mir als Therapeut darüber bewusst zu sein, dass wir uns nur in einem kommunikativen Raum befinden.*«
Hans Lieb

Wirkung und Wirkgeschichte von Diagnosen

Wir kommen mit unserem Sprechen immer wieder an Grenzen, weil unsere Sprache ganz schnell das Bild heraufbeschwört, es gebe etwas objektiv Beobachtbares. Wir kommen nicht umhin, Sprache in einem Repräsentanzverhältnis zu einer Realität zu sehen. Nun haben wir aber bei den psychischen Beeinträchtigungen das Problem, dass wir genau so etwas Beobachtbares nicht vorliegen haben. Auch bei der Hirnforschung ist die Frage, ob ich ein offenes Konzept oder ein relativ geschlossenes habe, zumal die Verbindung von Neuronalem und Psychischem nach wie vor nicht erbracht werden kann. Wie können wir dann reden?

LEVOLD Die wichtige Unterscheidung ist, dass das, was in der Kommunikation und auch im psychischen Erleben passiert, immer Phänomene sind, die mit der Herstellung und der Veränderung von Sinn zu tun haben. Das ist eine Sphäre, die sich sehr von jener Sphäre unterscheidet, in der es primär um physikalische, biochemische Prozesse geht. Kommunikation ist das primäre Medium, in dem sich auch Psychotherapie entwickelt, in dem Konversation stattfindet und in dem sich Interaktion vollzieht. All das, was wir bislang über Diagnostik gesprochen haben, taucht natürlich als Sinnphänomen auf und ist insofern auch innerhalb von Psychotherapie bearbeitbar. Alles, was Sinn schafft oder sinnförmig verarbeitet wird, kann zum Gegenstand von Psychotherapie werden. Das können Klienten einbringen, das kann ich als Therapeut einbringen, und immer muss ich es unter der Perspektive von Sinnverarbeitung beobachten. Das läuft darauf hinaus, dass wir die Art und Weise, in der die Kommunikation abläuft, selbst zum Diagnostikum machen.

Das ist für mich der entscheidende Unterschied. Ich nehme nicht ein Schema, das sich zum Beispiel in der Forschung als praktikabel erwiesen hat, und appliziere das auf therapeutische Prozesse oder auf die Erfassung dessen, was die Klienten mitbringen, sondern ich mache umgekehrt das, was zwischen mir und dem Klienten passiert, zum Ausgangspunkt der Beobachtung, um zu sehen, was sich da unter Sinnaspekten feststellen lässt: Was sagt mir das im Hinblick darauf, wie die Kommunikation gestaltet werden kann, damit es für den Klienten selbst hilfreich ist? Es geht darum, Leid zu vermindern, damit die Klienten einen größeren Freiheitsgrad im Umgang mit ihren eigenen Optionen entwickeln. Dafür sind meiner Ansicht nach andere diagnostische Konzepte hilfreicher als die Zuordnung zu einer Klassifikation, die ich ja vielleicht trotzdem benutzen muss, um den Rahmen der Therapie zu sichern, um Geltungsansprüche anderer Systeme bearbeiten zu können, weil die nun mal aus der Umwelt an die Therapie herangetragen werden.

LIEB Die Konstruktion von Krankheit ist ein sinnerzeugender sozialer Akt im Kommunikationssystem. Wir operieren im Medium »Sinn«. Das klingt sehr abstrakt, aber in unseren Köpfen bezeichnen die Diagnosen immer etwas irgendwo im Lande – biologisch, neurologisch, wie auch immer –, und der Konstruktionsvorgang ist immer ein sinnerzeugender. Auch jede Vergabe einer Diagnose ist der Versuch, eine sinnstiftende Aktion vorzunehmen.

Besteht ein Klient auf der Sinnkonstruktion »Krankheit« (»Ich bin *krank*«), und zwar egal, ob er das selbst meint oder ob das ein Hausarzt oder ein Psychiater gesagt hat, dann hilft es mir, mir als Therapeut darüber bewusst zu sein, dass wir uns nur in einem kommunikativen Raum befinden. Ich werde mich dann nicht auf die Diskussion zentrieren, »hat« er nun das, was mit der Diagnose bezeichnet wird, oder nicht, sondern ich werde kommunikativ andocken an genau jene Sinnkonzeption, die mir zuerst angeboten wird. Manchmal – aber das sind nach meiner Erfahrung eher seltene Fälle – eröffnet der Klient die Kommunikation eben mit einem Verweis auf eine Diagnose oder ein Krankheitskonstrukt.

Zu den Kontexten, in denen die Generierung von Sinn über Krankheitskonzepte psychischer Störungen läuft, gehören jene, in denen wir einem Phänomen, etwa einem Verhalten, keinen Sinn aus unserem üblichen Sinnrepertoire zuschreiben können: Wenn ich nicht verstehe, warum jemand etwas tut, und der es vielleicht auch selbst nicht versteht, dann kann Sinn dadurch erzeugt werden, dass man es mit einer Krankheit erklärt. Fritz Simon hat das in seinem Buch »Die andere Seite der ›Gesundheit‹« herausgearbeitet.

Krankheit ist dann insofern ein sinnerzeugendes Konstrukt, als man damit eine Erklärung für etwas hat, dem man sonst keinerlei Sinn zuordnen kann. Ist ein Ereignis nicht nachvollziehbar, nicht verstehbar, dann können wir es mittels Physiologie oder Neurologie oder sonstigen Kausalitäten »erklären«. Allein deshalb wäre es sowohl theoretisch als auch pragmatisch verkürzt, zu sagen, wir lehnen Diagnosen einfach ganz ab, weil wir dann einen Teil von Sinnkonstruktionen ablehnen würden, die die Menschen in bestimmten Kontexten nun mal verwenden. Diese regeln soziale Beziehungen und lösen bestimmte Konflikte, die es gäbe, wenn man auf Krankheitskonzepte als Sinnfiguren gänzlich verzichten würde.

Wenn wir uns bewusst sind, dass es um Sinnerzeugung geht, dann haben wir ein großes Spektrum neuer Ideen, die wir in therapeutische Dialoge einbringen können. Deshalb würde ich sagen: Wenn wir davon ausgehen, dass wir als Therapeuten immer im Medium »Sinn« arbeiten, dass wir mit Klienten zusammen Sinn erzeugen, dann fallen uns viel mehr spielerische, kreative, witzige Sachen ein, als wenn wir unentwegt damit beschäftigt wären, ob einer nun diese oder jene Krankheit hat, oder wenn wir damit beschäftigt wären, die Verwendung von Diagnosen zu bekämpfen.

LEVOLD Was natürlich auch nicht ausschließt, dass wir auf der Sinnebene mit Phänomenen zu tun haben, die körperlich bedingt sind, also dass jemand zum Beispiel seine Schilddrüse entfernt bekommen hat, medikamentös nicht gut eingestellt ist und dann plötzlich auf der Sinnebene psychotisch erscheint; oder jemand, der hungert bis zum Gehtnichtmehr, zeigt bestimmte physiologische Veränderungen und Wahrnehmungsveränderungen, die verheerend sind. Oder Kinder, die verhaltensauffällig und aggressiv werden, aber alle Erwachsenen um sie herum kommen nicht auf die Idee, dass die Kinder schlecht sehen oder hören und auf diese Frustration so reagieren.

Das sind natürlich Dinge, die auch die Art und Weise des psychischen und des sozialen Funktionierens extrem beeinträchtigen können. Umgekehrt wissen wir von dem enormen Einfluss unserer psychischen Verfasstheit auf unsere körperliche Verfassung und Gesundheit. Wenn wir subjektiv spüren, wir sind gut orientiert in unserem Leben, wir fühlen uns wohl, wir haben Erfolgserlebnisse, dann haben wir ein positives Sinnerleben, das auch zum körperlichen Wohlergehen beiträgt.

Insofern sind das selbstverständlich keine völlig getrennten Systeme, die nichts miteinander zu tun haben, aber es ist wichtig, zu wissen, dass wir das immer nur auf der Ebene von Sinn bearbeiten können.

LIEB Spannend ist ja, dass an einer Sinnproduktion, so wie wir das jetzt verstehen, immer alle beteiligt sind, selbstverständlich auch die Klienten. In der traditionellen Konzeption einer »Krankenbehandlung« – auch in der Psychiatrie – ist der Klient daran nicht beteiligt. Der lieferte nur die Daten, aus denen der Fachmann seine Diagnose gewinnt. Um die Sinndimension von Klienten ging es da gar nicht.

Auch dazu ein kleines Fallbeispiel: Ein Klient hatte früher mal eine Psychose gehabt – was immer das gewesen beziehungsweise damit bezeichnet gewesen sein mag –, war nun bei mir in der Psychotherapie und daneben noch bei einem Psychiater in Behandlung. Außerdem besuchte er regelmäßig einen Priester. Überhaupt sprach er mit vielen Leuten über seine Probleme, wozu auch immer wieder seine Ängste gehörten – er traute sich oft nicht, unter Leute zu gehen. Nun sagte er mir als seinem Psychotherapeuten eines Tages, sein Psychiater habe gemeint, er würde diese Angst wohl sein Leben lang haben, weil er ja einmal psychotisch gewesen sei. Deshalb hatte er von ihm auch ein Medikament verschrieben bekommen.

Diese Einschätzung seines Psychiaters fand der Klient nicht so gut. Ich fragte ihn dann, was er denn sonst noch gehört habe, denn er frage ja überall herum, was andere von seinen Problemen hielten. Schließlich fragte ich ihn auch, was er meine, was ich zu seinen Ängsten sagen würde, und er antwortete: »Ja, ja, ich weiß schon, Sie behaupten, Angst kann man wieder verlernen oder Angst kann auch mal wieder vergehen.« Damit hatten wir schon mal zwei ordentlich unterschiedliche Sinnproduktionen im Raum.

Dann habe ich ihn gefragt, ob er selbst denn auch eine Meinung habe, und es wurde deutlich, dass es in ihm sehr hin und her ging. Dann haben wir die nun im Raum stehenden Meinungen zusammenfassend beschrieben. A sagte, die Angst bleibe wegen der früheren Psychose für immer bestehen. B: Angst kann man total wegkriegen und sie kann für immer verschwinden. C: Ängstlichkeit gehört zum Leben, aber man kann lernen, der Angst nicht mehr so viel Macht zu geben. »Die würde mir am besten gefallen«, sagte er zur letzten Variante.

Ich ging mit ihm dann einen Schritt weiter und fragte: »Nehmen wir mal an, wir haben eine Konferenz, bei der alle zusammensitzen: der Psychiater, der Priester, ich und Sie selbst natürlich, und Sie gehen anschließend mit diesen drei Meinungen hinaus und testen die noch mal für sich, was käme dabei heraus?« Wir haben durchgespielt, wie es ihm damit jeweils gehen würde. Da hat er wieder gesagt, mit der dritten Variante würde es ihm am besten gehen. Meine nächste Frage war: »Stellen Sie sich mal vor, Sie würden diese Information, dass es Ihnen mit dieser Sicht am besten gehe, wieder in dieses Expertengremium einspeisen, was, glauben Sie, würde Ihr Psychiater sagen?«

»Na ja, der wird wahrscheinlich auf seiner Diagnose ein bisschen herumreiten.«

»Haben Sie Ihrem Psychiater das schon mal gesagt, dass es Ihnen nicht gut geht mit seiner Diagnose und der damit verbundenen Prognose?«

»Nein, das habe ich ihm noch nicht gesagt.«

»Vielleicht müssten Sie ihn unterstützen, denn ein Arzt muss ja schließlich wissen, wie seine Behandlung und seine damit verbundenen Prognosen auf den Patienten wirkt. Da könnten Sie Ihrem Arzt doch helfen, das muss der doch wissen.« Das fand er dann eigentlich eine ganz gute Idee.

Für mich ist dies ein Beispiel, in dem die Richtigkeit der Diagnostik, des Krankheitskonzeptes oder der jeweiligen Sinnkonstruktionen überhaupt nicht das Thema ist, sondern die Frage, welche verschiedenen Sinnkonzepte kann es geben und wie interagieren die miteinander? Die ganze Frage nach der Diagnostik hatte der Klient selbst auch gar nicht eingebracht, die war von den Fachleuten gekommen. Diese allerdings hatte er gezielt danach gefragt. Das ergab dann einen kollektiven Prozess der Sinnproduktion, bei dem ich nicht in eine Konkurrenz zum Psychiater gegangen bin, sondern dessen Perspektive ich als eine mögliche Sinnfigur akzeptiert habe. Zum *Maßstab* der »Richtigkeit« oder besser der Nützlichkeit eines Konzepts habe ich das Erleben des Klienten selbst gemacht.

LEVOLD Genau, die systemische Haltung ist nicht, zu sagen, was richtig und was falsch ist, auch nicht, was diagnostisch richtig oder falsch ist, sondern zu fragen: Was ist das Problem, für das Diagnostik die Lösung sein kann oder für das die Verweigerung einer Diagnostik die Lösung sein kann? Eigentlich müssen wir immer den funktionalen Rahmen aufspannen, um zu sehen, wofür etwas hilfreich beziehungsweise nicht hilfreich ist. Das ist aus meiner Sicht das, was den therapeutischen Prozess insgesamt steuern sollte.

LIEB Man muss »nur« weggehen von der Idee, dass die Begriffe eine ontologische »Realität« abbilden, und hingehen zu der, dass Begriffe Sinnkonstruktionen sind. Das ist eine ganz andere Haltung.

LEVOLD Gregory Bateson hat einmal die schöne Metapher benutzt von einer Leiter, die man braucht, um eine nächste Etage hochgehen zu können, die man dann aber umstoßen kann, weil man sie nicht mehr benötigt.

Ja, ja, das sind alles immer so nette Metaphern. Wenn Sie nun sagen, Diagnostik brauchen wir ja vorrangig nur dazu, um im Konzert der Krankenkassen mitspielen zu können, für die therapeutische Arbeit brauchen wir die nicht, dann ist das funktional sauber zu trennen. Eine Person aber, die mal eine F-Ziffer zugeschrieben bekommen hat, kann das im Kopf so ganz leicht unter Umständen nicht trennen. Diese Etikettierung hat vielleicht auch in ihr eine Auswirkung.

LEVOLD Ja, natürlich, das habe ich selbst erlebt, als ich über viereinhalb Jahre hinweg eine Psychoanalyse gemacht habe, die mein Leben wirklich verändert hat. Die erste Hälfte der Analyse wurde von der Krankenkasse finanziert und mein Analytiker musste dafür natürlich ein Gutachten schreiben, das er mich auch hat lesen lassen. Die Formulierungen haben mich durchaus gekränkt. Ich glaube, er hatte sehr gut erfasst, wie es mir damals ging, aber er musste auch gewisse »Textbausteine« verwenden, um dieses Gutachten durchzubekommen. Vielleicht hat mich das sogar am meisten gekränkt, dass das Schablonen waren, in die ich mich gepresst fühlte. Zwar waren auch interessante Aspekte darin, wie er meine Stimmungen beschrieb, auf eine Weise, wie ich mich selbst nie beschrieben hätte, das war schon ein Reiz, zu sehen, wie ein anderer Mensch etwas an mir wahrnimmt und das beschreibt. Aber kränkend war, in eine Schublade gesteckt zu werden, in die ich mich selbst nicht gesteckt hätte.

Das ist eben der entscheidende Punkt: Wenn wir Diagnosen vergeben, beschreiben wir ja nicht das Individuum, denn dafür bräuchten wir keine Diagnosen. Diagnosen benutzen wir, um etwas Vergleichbares zu erfassen, etwas, worin Klient A mit Klient B und hunderttausend anderen Klienten übereinstimmt, nämlich indem er häufiger in bestimmten Situationen Angst oder depressive Gefühle oder was auch immer zeigt. Diagnostik hat nur Sinn als Verallgemeinerungsprozess, sonst bräuchten wir keine Klassifikationen.

Wenn wir stattdessen sagen, wir behandeln Kranke und nicht Krankheiten, dann sind wir immer beim Einzelnen. Wenn wir aber Krankheiten behandeln, sind wir immer bei der Statistik. Werde ich selbst als Klient, als Individuum, mit meiner eigenen Geschichte gesehen und mit allem, was da an Phänomenen oder Symptomen auftaucht? Geht es um meine spezifische Ausdrucksgestalt, zu der ich durch meine Geschichte und durch meine Entwicklung gekommen bin, oder geht es nur um die Zuordnung zu einer bestimmten Schublade? Die Zuordnung mittels einer Schablone in eine Schublade ist schon das Kränkende.

Und ich glaube eben nicht, dass man immer nur mit dem Verweis, die Funktion der Diagnostik liege in der Systemumwelt, die Kränkung schon beheben kann.

LIEB Ja, das hat immer auch eine Rückwirkung nicht nur auf den Klienten, sondern auch auf den Therapeuten. Wer einmal eine bestimmte Diagnose in seinem Kopf kreiert beziehungsweise in seine Unterlagen geschrieben hat, der kann nicht verhindern, dass das eine Rückwirkung auf ihn selbst hat. Ich versuche in meiner ambulanten Praxis, in der ich ja für die Abrechnung eine Diagnose stellen muss, das dadurch abzuschwächen, indem ich mit dem Klienten gelegentlich durchspreche, welche Diagnose ich da kassenseitig bekannt mache oder welche wir gegebenenfalls für die Therapie benutzen. Es gibt Klienten, die sagen, ihnen sei schnuppe, was da der Kasse gegenüber angegeben wird. Aber bei manchen Klienten sage ich, sie sollten da schon hellhörig und achtsam sein, denn ein junger Mensch, der vielleicht später verbeamtet werden will, sollte genau überlegen, welche F-Ziffer in seinen Krankenkassenakten steht. Oder ich bespreche mit jemandem, der in einer Klinik war, welche Diagnose ihm dort gegeben wurde und wie es ihm damit geht. Manchmal kann man dabei auf ganz zentrale Aspekte seiner Sicht auf sich selbst und seiner Reaktionen auf die diagnostische Sicht anderer stoßen.

Ich kann mich an eine Klientin erinnern, die sagte: »Ja, ich habe im Entlassungsbericht der Klinik die Diagnose einer Persönlichkeitsstörung gelesen.« Das fand sie unmöglich, und dann war ein erster Schritt in der Therapie, dass sie sich innerlich von der toxischen Wirkung dieser Diagnose befreite. Mit einer Patientin habe ich auch mal vereinbart, dass sie einen Brief an den Vorbehandler schrieb und darin ausdrückte, er werde seine guten Gründe für die von ihm vergebene und sie kränkende Diagnose gehabt haben, aber sie selbst lehne das jetzt ab.

Ich finde, wir sollten einen Blick nicht nur darauf haben, mit Klienten vormals vergebene Diagnosen zu relativieren oder von ihnen Abstand zu nehmen, sondern auch darauf, dass die Kollegen, die sie vergeben und auch für die Therapie genutzt haben, das aus guten und meistens nachvollziehbaren Gründen getan haben.

Feindbilder aufzubauen hilft da wenig weiter. Außerdem läuft man in sukzessiven Therapieprozessen dann auch Gefahr, in eine dysfunktionale Konkurrenz zu den diagnostizierenden Vorbehandlern zu kommen. Aber man kann immer auf die »Wirkgeschichte« einer einmal vergebenen Diagnose achten. Eine Frage ist dann ja auch die: Selbst wenn eine Diagnose einmal ihren Nutzen hatte – wann und wie wird man sie wieder los? Nicht selten werden sie weiter verwendet und in den Akten vermerkt nach dem Muster »Einmal F – immer F«.

Wir können nicht nicht diagnostizieren

Herr Levold, was ist denn nun aber eigentlich das Gegenstück zur gängigen Diagnostik? Für mich klingt das immer ein bisschen nach der »Intuition des Therapeuten«. Der ist dann nämlich auch weniger überprüfbar, hat aber eine Menge kreativer Ideen, wenn er so mit den Klientinnen und Klienten zusammensitzt.

LEVOLD Ja, die Intuition spielt auch wirklich eine Riesenrolle, sie ist aber ziemlich schwer zu konzeptualisieren. Mit dem Ansatz einer sogenannten intuitiven Diagnostik habe ich durchaus so meine Schwierigkeiten. Ich meine sehr wohl, dass wir als Therapeuten einer »Profession« angehören, und das bedeutet, dass das eigene Handeln jederzeit begründbar sein muss. Deshalb brauchen wir Konzepte und wir brauchen auch Kategorien. Solche Kategorien biete ich manchmal sogar Klienten an, aber das sind nicht die Kategorien der ICD oder des DSM. Übrigens fallen bei mir die genannten pragmatischen Gründe weg, weil ich nur Selbstzahler habe und nicht mit den Kassen abrechne. Das ist doch interessant, denn: Wenn formalisierte Diagnostik und Psychotherapie so eng miteinander zusammenhängen und notwendig wären, dann müsste das für mich und meine Arbeit eine Rolle spielen, aber es taucht gar nicht als Problem auf.

Ich arbeite trotzdem natürlich mit diagnostischen Konzepten. Ich beobachte zum Beispiel in jedem Moment, was affektiv in der Beziehung geschieht, also betreibe ich Prozessdiagnostik und Interaktionsdiagnostik, das ist ganz wichtig. Wie reagiert jemand affektiv auf bestimmte Problemlagen, auf bestimmte Reize? Was kann er über ähnliche Situationen in anderen Kontexten berichten? Kann ich gemeinsam mit dem Klienten bestimmte Muster im Umgang mit der eigenen Person, eigenen Wünschen, Bedürfnissen und Vorstellungen herausarbeiten?

Gibt es typische Interaktions- und Konfliktmuster mit relevanten anderen Personen und so weiter. Bindungsdiagnostik, die sich auf Muster bezieht, die in frühen emotional bedeutsamen Beziehungen aufgrund der affektiven Resonanzen beziehungsweise Nichtresonanzen entwickelt wurden, um sich selbst zu schützen, ist darüber hinaus für mich von großem Interesse. Es sind aber zum Teil auch Ad-hoc-Kategorien, die ich im Dialog mit Klienten entwickle und verwende.

Ich hatte vor einiger Zeit eine Klientin, die ich auch schon öfter mit ihrem Partner gesehen hatte. Sie war sehr unglücklich, weil sie unter der Vorstellung litt, dass ihr Partner sie nicht verstehe, eine gute Beziehung aber gegenseitiges Verständnis zur Voraussetzung habe. Leider konnte aber auch sie ihren Partner nicht verstehen. Sehr schnell wurde deutlich, dass beide völlig unterschiedliche Arten des Umgangs mit bedeutsamen Themen hatten, die ein Verständnis füreinander in Konfliktsituationen verhinderten. Hier habe ich die Unterscheidung zwischen assoziativem und dissoziativem Denken benutzt, um diese unterschiedlichen Weisen, zu denken und zu empfinden, zu charakterisieren. Ihr Erleben war hochgradig assoziativ. Wenn sie an ein belastendes Thema dachte, wurde das sofort mit Erinnerungen an belastende Situationen in der Vergangenheit oder mit Fantasien, was alles Schlimmes in der nächsten und ferneren Zukunft geschehen *könnte,* aufgeladen. In gewisser Weise drang dann unglaublich viel Vergangenheit und Zukunft in ihre Gegenwart ein. Ihre Erwartung, dass sie ihre Sorgen und Befürchtungen, ihre Geschichten und Assoziationen mit ihm teilen könnte, wurden aber immer enttäuscht.

Ihr Mann hingegen war ein Künstler im dissoziativen Denken. Er konnte jederzeit wunderbar alle möglicherweise störenden Gedanken und Gefühle ausblenden und konzentrierte sich nur auf das, was gerade im aktuellen Moment für ihn Thema war. Alles andere war gar nicht existent. Das führte natürlich zu großen Schwierigkeiten im Umgang miteinander, weil die Frau in ihrer Not versuchte, Kontakt zu ihm herzustellen, der Mann diese Versuche aber abwies, weil es ihn in seinem eigenen Erleben und Funktionieren beeinträchtigte, jedenfalls erlebte er es so. Für die Frau war das eine unglaublich hilfreiche Unterscheidung, weil sie jetzt plötzlich konflikthafte Situationen anders zuordnen und eher sehen konnte, dass ihr Mann das nicht machte, weil er sie nicht mehr mochte, sondern weil es sein Modus der Selbsterhaltung war.

Auch eine solche spontane Unterscheidung von assoziativen und dissoziativen Orientierungsversuchen ist natürlich ein diagnostisches Bild. Ich bin der absoluten Überzeugung, dass wir nicht *nicht* diagnostizieren können. Die Idee, in der Systemischen Therapie völlig auf Diagnostik verzichten zu können, halte ich für Unsinn. Wir haben aber eine sehr breite Palette von standardisierten Diagnosen über Testverfahren bis hin zu Ad-hoc-Diagnosen im laufenden Prozess, die durch die formalisierten Systeme gar nicht abgebildet werden *können* und die sich im Laufe des Prozesses auch immer wieder verändern.

Im Kern geht es immer um die Erkennung von Mustern: im Erleben der Klienten oder in der Art, wie sie Beziehungen aufnehmen, aufrechterhalten oder auflösen. Die sind zum Teil mit bedeutsamen Lebenserfahrungen verbunden, die einen Einfluss auf die Vorstellungen von sich selbst, von den relevanten Beziehungspersonen und der Umwelt ausgeübt haben, oft aber auch Mikromuster, die die konkrete Beziehungsregulation steuern und die häufig unwillkürlich ablaufen, weil sie gar nicht bewusst sind. Hier spreche ich von affektiver Kommunikation, weil dann viel über Mimik, Gestik, Regulierung von Nähe und Distanz und so weiter zum Ausdruck gebracht wird.

Eine zweite Ebene ist die Sprache. Dabei geht es weniger um den Inhalt, das Thema, sondern eher um die Art der Problemerzählung. Wie ist das Narrativ der Klienten strukturiert? Welche Elemente werden betont, welche ausgeblendet? Was ist der »Plot« der Problemerzählung? Welche Metaphern werden benutzt und welche Hinweise geben sie uns vielleicht auf das Problemerleben? Und schließlich: Wie verläuft die Konversation in der Therapie? Wie kommt sie in Gang, an welchen Stellen gerät sie ins Stocken? Inwiefern bildet sie vielleicht selbst ab, was die Klienten als Problem schildern?

Das ist nicht mit formalisierten Diagnosen zu erfassen. Hier helfen eher konversationsanalytische – dazu hat Michael Buchholz geschrieben – oder metapherntheoretische Konzepte weiter, wozu ich selbst veröffentlicht habe. Überdies zeigen auch Untersuchungen, wie Therapeuten zu unterschiedlichen Zeitpunkten in der Therapie über ihre Klienten reden, dass sie zwar am Anfang eher formalisierte Begriffe verwenden und Standardbegriffe der Diagnostik noch im Vordergrund stehen, nach einem Jahr aber werden die Klienten viel warmherziger, alltagsnäher und persönlicher beschrieben. Da spielt die Diagnostik keine große Rolle mehr. Das heißt, die Art und Weise der Wahrnehmung selbst wird durch die entstandene Beziehung sehr stark beeinflusst, während die Idee der formalisierten Diagnostik eher darauf hinausläuft, von außen ein vermeintlich objektives Bild zu entwerfen.

Das für mich genuin Diagnostische ist das, was aus dem therapeutischen Kontakt selbst entspringt. Es gibt sicher gute Gründe dafür, das auch ein Stück weit zu formalisieren, aber die standardisierte Diagnostik, wie sie in der Medizin ganz essenziell ist, die ist für Psychotherapie erst mal lediglich »Umwelt«.

LIEB Eine kleine Ergänzung: Ich glaube, Buchholz sagt, wenn ich ihn recht verstanden habe, dass man die Diagnose als abhängige *und* als unabhängige Variable sehen kann. Am Anfang kann die Diagnose die unabhängige Variable sein, wenn mit Blick auf sie die Frage gestellt wird oder gestellt werden muss, welche Störung jemand hat oder haben könnte. Später wird die Diagnose die abhängige Variable, denn in Abhängigkeit davon, wie es in der Therapie läuft, bekommt der Patient demzufolge eine Diagnose, nämlich eine ganz neue, eine, die bezeichnet oder sogar erklärt,

Merkmale einer systemischen Diagnostik
(nach Ebbecke-Nohlen, 2014, S. 68 f.)

1. Systemische Diagnostik fokussiert auf den *Kontext,* in dem sich Menschen bewegen. Sie beschreibt *Interaktionsprozesse* und sieht Krankheiten und mit ihnen in Zusammenhang stehende Verhaltensweisen situationsabhängig als Ergebnisse wechselseitiger Beeinflussung.

2. Systemische Diagnostik nimmt sowohl *Beziehungsmuster* in den Blick als auch *Wahrnehmungsmuster,* die ganz häufig isomorphen Charakter haben, das heißt Strukturähnlichkeiten aufweisen.

3. Systemische Diagnostik begreift *Gesundheit und Krankheit als sozial konstruierte Phänomene* und sieht den diagnostischen Prozess als sozial konstruierte Wirklichkeit. Nicht allein der Organismus bestimmt, was krank ist, sondern derjenige, der die Diagnose stellt.

4. Systemische Diagnostik versteht sich *als dialogisch* und *zirkulär.* Sie greift die Beschreibungen der Klient/-innen auf und ermöglicht ihnen damit eine stärkere Partizipation in der Beschreibung ihrer eigenen Beschwerden.

5. Systemische Diagnostik hat *hypothetischen* Charakter und erlaubt nicht nur die Beschreibung von *Wirklichkeiten,* sondern auch die Beschreibung von *Möglichkeiten.* Sie berücksichtigt Entwicklungsprozesse auf Seiten der Klient/-innen und wird damit der Offenheit menschlicher Entwicklungen gerecht.

6. Systemische Diagnostik beinhaltet *Perspektivenwechsel* und unterstützt einen ressourcenorientierten und lösungsfokussierten Blick auf den Status quo und die zu gestaltende Zukunft. Krankheiten und damit verbundene Verhaltensweisen werden in einen subjektiven Sinnzusammenhang gestellt.

was in der Therapie gelaufen ist, oder eine ursprüngliche Diagnose wird verworfen. Manchmal wird erst aus einem schwierigen Therapieprozess geschlossen, dass der Patient eine bestimmte Störung hat. Ich bin sicher, dass die gänzlich unglückselige und in sich im Kern vollkommen unlogische Diagnose einer Persönlichkeitsstörung oft gegeben wird, weil Therapeuten sich in der Interaktion mit Patienten schwertun und mit dieser Diagnose dem Patienten dann die Verantwortung dafür zuschreiben.

LEVOLD Genau.

LIEB Zu den von dir, Tom, angeführten Studien zu den unterschiedlichen Sprechweisen über Klienten im Verlauf der Therapie: Sie können und müssen als Bestätigung dafür gelesen werden, dass Diagnosen im und für den Therapieverlauf immer unwichtiger werden. Das Sprechen, sagtest du, würde auch persönlicher. Das überrascht nicht, weil dann ja immer mehr spezifische und einmalige Interaktionen zwischen zwei Personen gelaufen sind – auf der Makro- und vor allem auf der Mikroebene. Ob das dann *immer* zu positiveren und warmherzigeren Äußerungen führt, dürfte wohl sehr davon abhängen, ob beide Seiten diese Interaktionen und damit auch den Verlauf der Therapie als sinnvoll und erfolgreich erleben. Sollte dem nicht so sein, würde ich auch ein zunehmend negatives Reden über Patienten vorhersagen.

Unter einer solchen negativen Entwicklung kann eine Diagnose auch die Funktion haben, dass Therapeuten sich für negative Erfahrungen mit einem Therapieprozess oder einem Klienten nicht selbst verantwortlich machen müssen. Es ist einfacher, dafür eine Störung beim Klienten zu diagnostizieren. Hier kann die Fremddiagnose den Therapeuten vor einer ansonsten vielleicht fällig werdenden »Selbstdiagnose« im Sinne einer Selbstproblematisierung schützen: Fremddiagnose als Selbstentlastung!

Noch ein Kommentar zur Intuition: Ich würde das Intuitive nicht so negativ beschreiben, wie das gelegentlich getan wird. Manchmal habe ich eine Intuition, die den Klienten und mich weiterbringt.

Können Sie das mal mit einem Fallbeispiel plastisch machen?

Lieb Ja, das kann ich, denn das Beispiel schwirrt mir schon im Hinterkopf herum. Eine Frau, verheiratet und mit zwei kleinen Kindern, kam zu mir mit einer klassischen anorektischen Symptomatik. Sie war in einem deutlichen körperlichen Erschöpfungszustand und sagte, sie wisse, dass sie so nicht weitermachen könne. Sie habe keine Kraft mehr fürs alltägliche Leben, war aber trotzdem nicht sehr motiviert dafür, sich Aspekte ihres Lebens und ihrer Probleme genauer anzusehen. In der Therapie gelang dann eine erste Stabilisierung, zum Beispiel nahm sie nicht weiter ab. Das reichte ihr zunächst. Ein halbes Jahr später meldete sie sich wieder und sagte: »Also, ich schaffe es überhaupt nicht mehr, ich komme doch nicht klar, ich nehme wieder ab, esse wieder nichts mehr und bin erschöpft.«

Wir einigten uns darauf, dass sie in eine Klinik gehen sollte, weil wir das ambulant nicht mehr hinbekommen würden. Sie war dann auch in einer psychosomatischen Klinik und profitierte ganz gut davon. Das Konzept der Klinik war verhaltenstherapeutisch und störungsspezifisch orientiert. Hier spielte die Diagnose der Anorexie eine zentrale Rolle. Sie stellte mit ihren Therapeuten Essenspläne auf und machte all die Dinge, die bei »Anorexia nervosa« dort gemacht und geübt werden. Die Klientin beschrieb das explizit als positiv und meinte, es habe ihr zum Beispiel sehr geholfen, dass ihr ständiger Kampf zwischen Essen-Sollen und Nicht-essen-Wollen durch das Interventionskonzept der Klinik entschieden worden sei. Sie war zufrieden damit. Drei oder vier Monate nachdem sie aus der Klinik entlassen worden war, ging es mit dem Gewicht und ihrer körperlichen und seelischen Verfassung abermals bergab. Sie kam also wieder zu mir, weil sie ohnehin von Anfang an vorgehabt hatte, bei mir weiterzuarbeiten.

Wir haben noch einmal alle ihre Lebenskontexte durchgesprochen, insbesondere ihre Ehesituation. Aber an ihrem

Essverhalten und am wieder zunehmenden Gewichtsverlust änderte sich dadurch wenig. Irgendwann wurde ich mir in meinen Reflexionen über meine therapeutische Rolle und unseren Therapieprozess bewusst, dass sich da bei aller Verschiedenheit der bearbeiteten Themen ein bestimmtes Muster doch ständig wiederholte: Es bestand darin, dass die wesentlichen von uns besprochenen Themen von mir angesprochen und eingebracht worden waren. Das hätte ich so sicher auch früher sehen können, habe ich aber nicht. Die von mir so eingeschätzte Vehemenz der Symptomatik und der bedrohliche Zustand haben dazu sicher beigetragen. Die Therapeut-Klient-Interaktion war in dieser Hinsicht stabil asymmetrisch: Der Therapeut setzte ihr das Thema vor, wie man das Essen vorgesetzt bekommt. Ich habe ihr von diesem Ergebnis meiner Reflexionen berichtet und wollte wissen, wie sie das sieht. Sie stimmte zu.

Wir haben in jener Sitzung dann eine gewisse Kehrtwendung vollzogen, die sie ganz schön aus dem Konzept gebracht hat, was sie mir im Nachhinein mitteilte. Sie wurde sehr nachdenklich. Wir waren ganz weit weg von den mit der Diagnose »Anorexie« markierten Themen und Problemen. Jedenfalls kam heraus, dass sie eigentlich überhaupt nicht wusste oder fühlte, wer und was sie »selbst« ist. Immer hatte sie das Gefühl, sie spiele nur eine Rolle, außer auf dem Gebiet »Essen«: »Wenn ich hungere beziehungsweise genauer: nicht esse, dann bin ich bei mir, bin ich ich; bei allem anderen weiß ich nicht, wer und was ich bin.« Sie hat dann eine schöne Formulierung verwendet: »Wenn ich glücklich bin, weiß ich nicht, ob ich es bin oder ob ich gerade eine Glücksrolle spiele.« Dahinter steckte ihre ganze Lebensgeschichte. Diese Einsicht hat sie sehr erschüttert – und ich war selbst auch ein bisschen erschrocken und fragte mich, ob das plötzliche Auftauchen so existenzieller Fragen nicht zu rasch kam. Aber sie meinte, das sei gut.

Das ist ein Beispiel dafür, wie der Blick auf die Diagnose – oder hier besser auf das durch die Diagnose markierte Feld – so

LIEB Das heißt, du stellst die Theorie von Luhmann an dieser Stelle infrage?

LEVOLD In Teilen.

LIEB Da sind wir auch bei einem spannenden Thema, das zu diskutieren wäre und das ja auch immer wieder diskutiert wird, nämlich bei der Frage, wo das Konzept von Luhmann für die Arbeit von Systemen im Gesundheitswesen hilfreich ist und wo nicht.

LEVOLD Das Gesundheitssystem orientiert sich ja ausschließlich an der Behandlung von Einzelnen. Das heißt wiederum, dass Diagnosen auch am Individuum festgemacht werden müssen. Man könnte aber auch sagen, dass Systeme wie Familien behandlungsbedürftig sind, wenn sie in unerträglicher Weise konflikthaft werden.

LIEB Laut Psychotherapierichtlinien können interaktionelle Probleme beziehungsweise »Beziehungsstörungen« nur dann als »Ausdruck von Krankheit« angesehen werden, wenn »ihre ursächliche Verknüpfung mit einer krankhaften Veränderung des seelischen oder körperlichen Zustandes eines Menschen« nachgewiesen wurde. So steht es in Paragraf 2 der Psychotherapierichtlinien. Angehörige, Paare oder Familien können demzufolge nur dann in die Therapie einbezogen werden, wenn das damit begründet werden kann, dass das der Heilung eines als krank diagnostizierten Individuums dient.

LEVOLD Das Individuum steht immer an vorderster Stelle, deswegen fallen alle Probleme, Störungen, Konflikte, die interpersonal sind, aus der diagnostischen Wahrnehmung heraus. Hielte man also auch Systeme für »krank«, müsste man das ganze System neu denken.

[...] sind wir in unserem Hyperindividualismus, den wir kulturell [...], weit entfernt.

[...] Ja, und aus dieser Perspektive passt das DSM auch perfekt [zu]r neoliberalen Weltanschauung.

[...] sehr in den Mittelpunkt geraten kann, dass andere Aspekte des Lebens eines Patienten aus dem Blick geraten. Das wird aber nur dann eine die Therapie dominierende Trance, wenn Klient und Therapeut das irgendwie in Koproduktion tun.

Aber wie beziehen Sie das nun aufs Diagnostizieren?

LIEB Wir sind wieder bei der Kernfrage: Welche Funktion haben die Diagnosen in welchen Kontexten. Wo sind sie nützlich und was verhindern sie? Das Fallbeispiel war eines, in dem eine Fixierung auf eine diagnostizierte Störung problematisch war. In anderen Fällen und Kontexten kann die Diagnose aber nützlich sein. Mit einer Verteufelung von Diagnosen kommt man da nicht weiter.

Störungsorientierte Ansätze gehören übrigens auch zur Geschichte der Systemtherapie selbst. Die Heidelberger Schule zum Beispiel hat erarbeitet, welche familiären Grundkonflikte in jenen Familien erhoben werden können, die als schizophren diagnostizierte Mitglieder haben. Das folgte erkenntnistheoretisch natürlich noch der Welt der »Kybernetik erster Ordnung«.

LEVOLD Sie sind aber gescheitert. Die Störungsspezifität konnte nicht nachgewiesen werden, das war ja ein Forschungsprojekt.

LIEB Was heißt »gescheitert«? Nehmen wir die Bücher von Gerhard Dieter Ruf und seine dort erzählten Fallbeispiele. Er geht von einer Störung und der entsprechenden Diagnose aus, beispielsweise »Borderline«, und sucht nach Grundkonflikten wie »Autonomie versus Anpassung«. Da wird aus einem bestimmten Verständnis von aus Diagnosen abgeleiteten Hypothesen auch therapeutisches Kapital geschlagen.

LEVOLD Was Hypothesen betrifft, gebe ich dir recht. Die Idee des Forschungsprojekts war aber, dass man bestimmte Interaktionsmuster familienspezifischen »Störungen« zuordnen wollte.

LIEB Ja, solche störungsspezifischen Universalien aufzustellen ist ohnehin noch nie gelungen.

LEVOLD Ich muss aber noch einen anderen Einspruch formulieren, Stichwort »Verteufelung«: Die standardisierte Diagnostik kann gar nicht stark genug kritisiert werden. Ich bin nicht deiner Meinung, dass man sich selbst unglaubwürdig macht, wenn man ein System benutzt und es gleichzeitig kritisiert. Natürlich müssen wir anerkennen, dass das System über Diagnosen funktioniert, deshalb kann man es trotzdem kritisieren. Es ist wie bei den Lehrern mit den Schulnoten: Ich muss sie geben, kann aber doch gleichzeitig der Überzeugung sein, dass Schulnoten Schwachsinn sind. Dann bin ich gehalten, das in meiner Lehrergewerkschaft oder in irgendwelchen Verbänden oder in Veröffentlichungen deutlich zu machen, auch wenn ich in meiner alltäglichen Praxis nicht darum herumkomme, Schulnoten zu vergeben. Ich sollte allerdings mit den Schülern und Eltern anders über Noten reden, als wenn ich der Meinung bin, Schulnoten seien super.

LIEB Aber auch dabei würde ich doch jedem Lehrer, der weiter Lehrer sein will, empfehlen, dass er sich eine Idee oder besser eine Theorie dazu zulegt, welche Funktionen Schulnoten im Schulsystem haben, um das in seine Kritik zu integrieren.

LEVOLD Ganz klar. Das heißt für mich aber in der Konsequenz, dass ich, auch wenn ich als Systemiker, der vielleicht mit den Krankenkassen in Zukunft abrechnen kann, diesen eine Ziffer nennen muss, mir vorbehalte, gleichzeitig dieses System der formalisierten Diagnostik zu kritisieren.

Auch zur Unterscheidung von gesund versus krank muss ich noch etwas loswerden: Die Feststellung der Leitunterscheidung gesund/krank für das gesellschaftliche Funktionssystem Gesundheit ist eine Beobachterleistung. Das System *selbst* unterscheidet nichts. Dahinter verbirgt sich eine interessante Frage: Wie ist Luhmann auf diese Leitunterscheidungen gekommen? Man könnte ja auch sagen, die Leitunterscheidung im Gesundheitssystem ist »behandlungsbedürftig versus nicht behandlungsbedürftig«. Damit käme man zu einer anderen operationalen Bestimmung dessen, worum es eigentlich geht, denn dass die Störung einen Krankheitswert haben muss, [hat] etwas damit zu tun, dass in unserem System nur [...] behandlungsbedürftig sind.

In England werden medizinische Entscheid[ungen] nicht mehr nur auf der Achse gesund/krank getro[ffen], auch unter dem Gesichtspunkt, welcher Ress[ource] sich noch lohnt. In dieser Logik kann dann zu[...] schieden werden, dass man bis zum 55. Lebens[jahr eine] Herztransplantation bekommt, danach nicht me[hr,] gibt es noch eine neue Hüfte, danach nicht mehr, weil solche Menschen im späteren Alter nicht [mehr] behandlungsbedürftig wären, sondern weil sic[h dies] unter volkswirtschaftlichen Gesichtspunkten n[icht] fertigen ließe. Die genauen Altersgrenzen ken[ne ich nicht,] kommt es hier auf die Logik der Argumentatio[n:] die Leitunterscheidung nicht mehr gesund/kra[nk, sondern öko]nomisch/unökonomisch.

LIEB Ich möchte eine Gegenfrage stellen: Denks[t du, dass du] innerhalb des Funktionsbereichs Gesundheit [arbeiten] kann und gleichzeitig diese Leitunterscheidu[ng...]

LEVOLD Die Unterscheidung gesund/krank wird [...] Die Frage ist nur, ob es eine *Leit*unterscheid[ung ist,] das führt. Da sind wir bei einem theorieimm[anenten Problem] der Systemtheorie. Luhmann fragt in seiner [...] schaftlichen Funktionssysteme immer nach [...] einem Negativwert der Leitunterscheidung[...] ist hier Krankheit, das heißt, in diesem Fall i[st mit] des Gesundheitssystems gegeben. Aus diese[m Grund sind] psychische oder Beziehungsprobleme nu[r im Gesund]heitssystem zu bearbeiten, wenn die Frag[e nach dem »Krank]heitswert« positiv beantwortet werden ka[nn. Eine] Bearbeitung von Sinnproblemen, Bezieh[ungsproblemen und] deren Folgen im Gesundheitssystem bea[rbeitet werden, ohne] ihnen also zwingend Krankheitswert zus[chreiben zu müssen...]

sehr in den Mittelpunkt geraten kann, dass andere Aspekte des Lebens eines Patienten aus dem Blick geraten. Das wird aber nur dann eine die Therapie dominierende Trance, wenn Klient und Therapeut das irgendwie in Koproduktion tun.

Aber wie beziehen Sie das nun aufs Diagnostizieren?

LIEB Wir sind wieder bei der Kernfrage: Welche Funktion haben die Diagnosen in welchen Kontexten. Wo sind sie nützlich und was verhindern sie? Das Fallbeispiel war eines, in dem eine Fixierung auf eine diagnostizierte Störung problematisch war. In anderen Fällen und Kontexten kann die Diagnose aber nützlich sein. Mit einer Verteufelung von Diagnosen kommt man da nicht weiter.

Störungsorientierte Ansätze gehören übrigens auch zur Geschichte der Systemtherapie selbst. Die Heidelberger Schule zum Beispiel hat erarbeitet, welche familiären Grundkonflikte in jenen Familien erhoben werden können, die als schizophren diagnostizierte Mitglieder haben. Das folgte erkenntnistheoretisch natürlich noch der Welt der »Kybernetik erster Ordnung«.

LEVOLD Sie sind aber gescheitert. Die Störungsspezifität konnte nicht nachgewiesen werden, das war ja ein Forschungsprojekt.

LIEB Was heißt »gescheitert«? Nehmen wir die Bücher von Gerhard Dieter Ruf und seine dort erzählten Fallbeispiele. Er geht von einer Störung und der entsprechenden Diagnose aus, beispielsweise »Borderline«, und sucht nach Grundkonflikten wie »Autonomie versus Anpassung«. Da wird aus einem bestimmten Verständnis von aus Diagnosen abgeleiteten Hypothesen auch therapeutisches Kapital geschlagen.

LEVOLD Was Hypothesen betrifft, gebe ich dir recht. Die Idee des Forschungsprojekts war aber, dass man bestimmte Interaktionsmuster familienspezifischen »Störungen« zuordnen wollte.

LIEB Ja, solche störungsspezifischen Universalien aufzustellen ist ohnehin noch nie gelungen.

LEVOLD Ich muss aber noch einen anderen Einspruch formulieren, Stichwort »Verteufelung«: Die standardisierte Diagnostik kann gar nicht stark genug kritisiert werden. Ich bin nicht deiner Meinung, dass man sich selbst unglaubwürdig macht, wenn man ein System benutzt und es gleichzeitig kritisiert. Natürlich müssen wir anerkennen, dass das System über Diagnosen funktioniert, deshalb kann man es trotzdem kritisieren. Es ist wie bei den Lehrern mit den Schulnoten: Ich muss sie geben, kann aber doch gleichzeitig der Überzeugung sein, dass Schulnoten Schwachsinn sind. Dann bin ich gehalten, das in meiner Lehrergewerkschaft oder in irgendwelchen Verbänden oder in Veröffentlichungen deutlich zu machen, auch wenn ich in meiner alltäglichen Praxis nicht darum herumkomme, Schulnoten zu vergeben. Ich sollte allerdings mit den Schülern und Eltern anders über Noten reden, als wenn ich der Meinung bin, Schulnoten seien super.

LIEB Aber auch dabei würde ich doch jedem Lehrer, der weiter Lehrer sein will, empfehlen, dass er sich eine Idee oder besser eine Theorie dazu zulegt, welche Funktionen Schulnoten im Schulsystem haben, um das in seine Kritik zu integrieren.

LEVOLD Ganz klar. Das heißt für mich aber in der Konsequenz, dass ich, auch wenn ich als Systemiker, der vielleicht mit den Krankenkassen in Zukunft abrechnen kann, diesen eine Ziffer nennen muss, mir vorbehalte, gleichzeitig dieses System der formalisierten Diagnostik zu kritisieren.

Auch zur Unterscheidung von gesund versus krank muss ich noch etwas loswerden: Die Feststellung der Leitunterscheidung gesund/krank für das gesellschaftliche Funktionssystem Gesundheit ist eine Beobachterleistung. Das System *selbst* unterscheidet nichts. Dahinter verbirgt sich eine interessante Frage: Wie ist Luhmann auf diese Leitunterscheidungen gekommen? Man könnte ja auch sagen, die Leitunterscheidung im Gesundheitssystem ist »behandlungsbedürftig versus nicht behandlungsbedürftig«. Damit käme man zu einer anderen operationalen Bestimmung dessen, worum es eigentlich geht, denn dass die Störung einen Krankheitswert haben muss, hat natürlich etwas damit zu tun, dass in unserem System nur Krankheiten behandlungsbedürftig sind.

In England werden medizinische Entscheidungen derzeit nicht mehr nur auf der Achse gesund/krank getroffen, sondern auch unter dem Gesichtspunkt, welcher Ressourceneinsatz sich noch lohnt. In dieser Logik kann dann zum Beispiel entschieden werden, dass man bis zum 55. Lebensjahr noch eine Herztransplantation bekommt, danach nicht mehr. Bis 75 Jahre gibt es noch eine neue Hüfte, danach nicht mehr, und zwar nicht, weil solche Menschen im späteren Alter nicht mehr krank und behandlungsbedürftig wären, sondern weil sich die Operation unter volkswirtschaftlichen Gesichtspunkten nicht mehr rechtfertigen ließe. Die genauen Altersgrenzen kenne ich nicht, mir kommt es hier auf die Logik der Argumentation an. Schon wäre die Leitunterscheidung nicht mehr gesund/krank, sondern ökonomisch/unökonomisch.

LIEB Ich möchte eine Gegenfrage stellen: Denkst du, dass jemand innerhalb des Funktionsbereichs Gesundheitswesen tätig sein kann und gleichzeitig diese Leitunterscheidung nie verwendet?

LEVOLD Die Unterscheidung gesund/krank wird dauernd getroffen. Die Frage ist nur, ob es eine *Leit*unterscheidung ist und wohin das führt. Da sind wir bei einem theorieimmanenten Problem der Systemtheorie. Luhmann fragt in seiner Theorie der gesellschaftlichen Funktionssysteme immer nach einem Positiv- und einem Negativwert der Leitunterscheidungen. Der Positivwert ist hier Krankheit, das heißt, in diesem Fall ist die Zuständigkeit des Gesundheitssystems gegeben. Aus dieser Perspektive wären psychische oder Beziehungsprobleme nur dann im Gesundheitssystem zu bearbeiten, wenn die Frage nach dem »Krankheitswert« positiv beantwortet werden kann. Wollen wir die Bearbeitung von Sinnproblemen, Beziehungskonflikten und deren Folgen im Gesundheitssystem bearbeiten, müssten wir ihnen also zwingend Krankheitswert zuschreiben.

Lieb Das heißt, du stellst die Theorie von Luhmann an dieser Stelle infrage?

Levold In Teilen.

Lieb Da sind wir auch bei einem spannenden Thema, das zu diskutieren wäre und das ja auch immer wieder diskutiert wird, nämlich bei der Frage, wo das Konzept von Luhmann für die Arbeit von Systemen im Gesundheitswesen hilfreich ist und wo nicht.

Levold Das Gesundheitssystem orientiert sich ja ausschließlich an der Behandlung von Einzelnen. Das heißt wiederum, dass Diagnosen auch am Individuum festgemacht werden müssen. Man könnte aber auch sagen, dass Systeme wie Familien behandlungsbedürftig sind, wenn sie in unerträglicher Weise konflikthaft werden.

Lieb Laut Psychotherapierichtlinien können interaktionelle Probleme beziehungsweise »Beziehungsstörungen« nur dann als »Ausdruck von Krankheit« angesehen werden, wenn »ihre ursächliche Verknüpfung mit einer krankhaften Veränderung des seelischen oder körperlichen Zustandes eines Menschen« nachgewiesen wurde. So steht es in Paragraf 2 der Psychotherapierichtlinien. Angehörige, Paare oder Familien können demzufolge nur dann in die Therapie einbezogen werden, wenn das damit begründet werden kann, dass das der Heilung eines als krank diagnostizierten Individuums dient.

Levold Das Individuum steht immer an vorderster Stelle, deswegen fallen alle Probleme, Störungen, Konflikte, die interpersonal sind, aus der diagnostischen Wahrnehmung heraus. Hielte man also auch Systeme für »krank«, müsste man das ganze System neu denken.

Davon sind wir in unserem Hyperindividualismus, den wir kulturell pflegen, weit entfernt.

Levold Ja, und aus dieser Perspektive passt das DSM auch perfekt zur neoliberalen Weltanschauung.

Was der Fall ist

Also, die ganzen Diagnostikkritiker kommen um das Diagnostizieren gar nicht herum.

Lieb Sie können allerdings Rechenschaft abgeben darüber, *was* sie auf welche Art und Weise diagnostizieren, aber diagnostizieren tun sie natürlich immer.

   Jeder Professionelle muss sich seinen Fall konstruieren. Das muss auch jeder Taxifahrer: Wenn man zum Taxifahrer geht, ins Auto einsteigt und sagt, man will zum Bahnhof, dann konstruiert sich der Taxifahrer einen für ihn passenden »Fall« daraus. Wenn man ihm sagt, man habe Probleme mit dem eigenen Partner, dann kann er professionell gesehen zunächst keinen »Taxifall« daraus machen. Jeder, der in irgendeiner Weise beruflich tätig ist, muss sich einen Fall auch als *seinen* Fall konstruieren. Wenn ich lösungsorientiert herangehe, dann konzipiere ich mir meinen Fall als einen Fall, bei dem ich aus einer Problem- eine Lösungsorientierung mache.

Levold Die Konstruktion von Fällen ist ein notwendiges Charakteristikum von professionellem Handeln. Wenn wir das nicht machen würden, könnten wir eigentlich nicht rechtfertigen, warum wir Geld nehmen für das, was wir tun. Das gilt selbst für Berufe, die wir nicht als Professionen einordnen würden. In einer schönen Untersuchung über »alltägliche Helfer« hat Frank Nestmann schon 1988 über Gastwirte und Taxifahrer und deren »diagnostischen Blick« geschrieben. Ein Taxifahrer weiß schon sehr schnell, wenn einer auf seinen Wagen zukommt, ob der ihm auf die Rückbank kotzt oder nicht oder ob er mit dem Scherereien wegen der Bezahlung bekommt oder nicht. Klempner würden da von einem gewissen »Materialgefühl« sprechen.

Standardisierte Diagnostik geht aber immer in eine andere Richtung, nämlich hin zum Abfragen von Symptomen. Entscheidend ist also, wie man therapeutisches Fragen lernt. Am Anfang ist es sicherlich erst mal hilfreich, wenn ich eine standardisierte Diagnostik vor mir habe, damit ich mich überhaupt orientieren kann, aber im Laufe der Zeit wird es immer weniger bedeutsam, weil unser Wahrnehmungsspektrum als Therapeuten viel breiter wird, nämlich breiter in der Beobachtung, was gerade in diesem Moment passiert.

LIEB Eine standardisierte Diagnostik kann eventuell den Charakter einer nützlichen Heuristik haben, um jemanden in bestimmten Aspekten seines Leidens zu verstehen. Daraus leitet sich per se noch keine Interventionsidee ab, vielleicht einige Optionen einer Veränderungsrichtung. Wenn eine Diagnose, ob mit oder ohne ICD-F, ein Verhalten markiert, über das der Klient aus guten Gründen sagt, er leide darunter, und wenn man sich auf die Veränderung dieses Verhaltens einigt, dann kann die diesbezüglich vergebene Diagnose trotz aller damit verbundenen guten Absichten den Blick von Therapeut und Klient sehr einengen. Sie dient dann nicht mehr dazu, ein Problem mit dieser speziellen Lupe genauer zu erfassen, sondern verleitet zu einer nur noch stärker pathologisierenden und defizitorientierten Bewertung dessen, was der Patient berichtet hat. Zum Beispiel verstellt sie den Blick auf die Funktion und auf den Sinn all jener Phänomene, die nun mit einer Diagnose markiert worden sind. Oder sie macht blind für all jene Lebensthemen, die zum Kontext der diagnostisch markierten Phänomene gehören.

Mit anderen Diagnostikansätzen im systemischen Ansatz und auch in bestimmten Varianten der Verhaltenstherapie, die mehr auf die sogenannte individuelle Verhaltensanalyse anstelle auf formalisierte Diagnosesysteme setzen, gehen eine höhere Veränderungsneutralität und eine fallspezifische Individualisierung einher. Es ist schwer, eine F-Diagnose zu vergeben und gleichzeitig veränderungsneutral zu bleiben, denn sie impliziert immer eine Veränderung. Jeder Ansatz, der davon ausgeht, dass alles, was an Denken und Verhalten beschrieben wird, eine Überlebensfunktion hat – allen voran der systemische Ansatz –, tut sich leichter, neutral zu bleiben.

LEVOLD Deswegen bietet es sich auch an, Therapieziele grundsätzlich so zu formulieren, dass die Freiheitsgrade der Klienten im Umgang mit ihren Schwierigkeiten zunehmen, dass ihre Wahlmöglichkeiten, das eine oder das andere machen zu können, zunehmen. In den Problembeschreibungen ist ja in der Regel implizit enthalten, dass man darunter leidet und keine Alternative zur Verfügung hat. »Außer zu hungern fällt mir nichts ein«, zum Beispiel.

LIEB Ich habe viel mit jungen Therapeuten zu tun, und zwar sowohl mit Systemikern als auch mit Verhaltenstherapeuten, und stelle da immer wieder fest, welcher Veränderungsdruck auf ihnen lastet. Man kann denen durchaus etwas erzählen von Veränderungsneutralität, aber sie stehen dennoch unter einem sehr großen Druck, das mit einer Diagnose markierte oder vom Klienten dazu erzählte Leiden zu verändern. Diagnosen verschärfen diesen Druck fast immer. Das wird zu einer kollektiven Überforderung einer ganzen Psychologengeneration. Da kommen junge Therapeuten als Psychotherapeuten in Ausbildung in die Kliniken und haben sofort symptomatisch sehr belastete Patienten vor sich, mit denen sie psychotherapeutische Gespräche führen und Veränderungen bewirken sollen – und das nicht selten mit einem Minimum an Supervision. In meinen Augen gibt es da ein ziemliches Ausmaß an Leiden und gefühlter Ohnmacht, die sich, wenn es dumm läuft, die Therapeuten auch noch selbst zuschreiben, weil sie glauben, es liege an ihnen, wenn sie das nicht gut hinkriegen.

LEVOLD Da kann ich nur zustimmen. Ich habe in meiner eigenen Praxis relativ wenig Klienten mit einem psychiatrischen Background, mache aber sehr viel Supervision in psychiatrischen und auch psychosomatischen Kliniken und erlebe das dort auch so. Aus meiner Sicht ist das in der Psychiatrie ein sehr großes Problem, und zwar nicht nur bei den »PiAs«, bei denen allerdings am stärksten, sondern auch bei den jungen Assistenzärzten, die eigentlich ins kalte Wasser geworfen werden und schon froh sind, wenn sie eine diagnostische Entscheidung treffen können, also welches F sie am besten wählen sollen, ohne zu wissen, wie man dann therapeutisch damit umgehen kann.

Mich beeindruckt immer, wie gut diese jungen Ärzte die Wirkungen und Nebenwirkungen von Medikamenten einschätzen können, aber bei den einfachsten Fragen, die man Patienten fragen könnte oder sollte, wird es für sie schon schwierig. Die haben oft Angst davor, dass sie mit einer Frage etwas falsch machen könnten. Darf man nach Konflikten mit den Eltern oder dem Partner fragen? Darf man nach traumatisierenden Erfahrungen fragen oder nach Suizidalität? Da weichen die am liebsten aus.

Das führt nicht so ganz selten dazu, dass es Patienten in psychiatrischen Kliniken gibt, die überhaupt nicht psychotherapeutisch behandelt werden, mit denen wird nicht gesprochen, die werden irgendwie in Watte gepackt mit der Idee, dass sie besser in eine Spezialklinik für Traumabehandlung gehen sollen. Bis die da hinkommen, können sie noch auf der allgemeinpsychiatrischen Station bleiben. Sie werden mehr oder weniger dort geparkt. Das ist wirklich ein Jammer, das geht völlig in die falsche Richtung. Da wird diagnostiziert, da gibt es Medikamente, aber therapeutische Gespräche?

LIEB Ich denke, dass in solchen Momenten die Diagnose die Funktion hat, den solchermaßen verunsicherten oder verängstigten Therapeuten selbst hinreichend Sicherheit zu geben. Diagnosen können Sicherheiten vermitteln – und die Sicherheit des Therapeuten beziehungsweise der Selbstwertschutz ist ein Teil davon.

LEVOLD Da würde ich gerne die Arbeiten von George Devereux anführen, der das Konzept der ethnopsychischen Störungen entwickelt hat, das ich sehr hilfreich finde. Er geht davon aus, dass individuelle Belastungen und Stressfaktoren ihre Ausdrucksmöglichkeiten immer nur in einem kulturell verfügbaren Repertoire vorfinden. Der Amoklauf zum Beispiel ist historisch eine individuelle Konfliktbewältigungsmöglichkeit, die in der malaysischen Gesellschaft eine Tradition hatte und nirgendwo sonst, während das klinische Bild der Schizophrenie eher in den westlichen Industrieländern zu finden war. »Raserei« beziehungsweise das malaysisches Wort »Amok« war oder ist in Malaysia ein kulturell vorfindbares Schema, wie man mit einem unlösbaren Konflikt umgehen kann. Mittlerweile zeigt sich das Phänomen des Amoklaufs auch in westlichen Industriekulturen, wenn auch in ganz anderer Gestalt – und bedauerlicherweise. Es gibt also immer ein Wechselverhältnis zwischen individuellem Konflikt und Belastungslagen auf der einen Seite sowie kulturellen Schemata der Konfliktbewältigung auf der anderen Seite, die übrigens in den Diagnostikklassifikationen keinerlei Rolle spielen.

Devereux hat ein schönes Buch mit dem Titel »Angst und Methode in den Verhaltenswissenschaften« verfasst, in dem er argumentiert, dass die Versuche von Forschern – die hier den Therapeuten vergleichbar sind –, die Begegnung mit dem unbekannten Gegenüber durch eine objektivierende Diagnostik in den Griff zu kriegen, die Funktion einer Angstabwehr erfüllen. Mich auf eine Begegnung mit jemandem einzulassen, den ich nicht verstehe, der keinen Blickkontakt aufnimmt, der Sachen sagt, die ich gar nicht einordnen kann, bei dem ich selbst gar nicht einschätzen kann, ob ich auf ihn eine beruhigende oder eine erregende Wirkung habe, all das macht erst einmal Angst – oder zumindest Unbehagen. Diagnostik kann also etwas sein, was *zwischen* mir und dem Klienten steht als eine Möglichkeit, wie ich mich als Therapeut schützen kann. Gerade wenn jemand wenig Erfahrung hat, ist es vielleicht nachvollziehbar, warum diese Person primär versucht, über eine solche Konzeptualisierung mittels formalisierter Diagnosen herauszufinden, mit wem er es zu tun hat.

Mir fällt eine Supervision ein mit einer türkischen Patientin, die als echter Problemfall schon seit vierzehn Monaten auf einer allgemeinen Station war. Sie kostete das Krankenhaus jede Menge Geld und die Station kam unter Druck, denn solche Klienten müsse ja eigentlich entlassen werden. Aber die Mitarbeiter waren alle der Meinung, dass man sie nicht entlassen könne, weil sie in einem sehr schlechten Zustand sei. Das Problem war inzwischen, dass niemand mehr bereit war, zu ihr ins Zimmer zu gehen, weil sie sofort mit Sachen warf, herumschrie, das Personal wüst beleidigte und so weiter. Sie hatte alle möglichen Diagnosen in der Zeit ihres Aufenthalts gesammelt, vor allem aus dem Bereich der Persönlichkeitsstörungen und Anpassungsstörungen.

In der Supervision wurde dann die Patientin als Fall vorgestellt. Nachdem sich alle ausführlich über die Unmöglichkeit beklagt hatten, mit der Patientin in Kontakt zu kommen, fragte ich, ob wir sie nicht spontan in die Supervision einladen könnten.

Sofort reagierten alle Teammitglieder abwehrend, das gehe gar nicht, die mache uns ja alles kaputt, die könne das gar nicht aushalten, die würde uns nur spalten und so weiter. Gerade in jener Woche war aber eine neue Oberärztin der Station zugeordnet worden, die übrigens selbst eine systemische Ausbildung absolviert hatte und die sehr positiv reagierte: »Das ist eine Superidee, ich weiß auch, wo die gerade ist, nämlich unten vor der Tür beim Rauchen.« Sie schlug also vor, die Patientin zu holen, und kam tatsächlich nach wenigen Minuten gemeinsam mit ihr zurück. Wir waren eine große Runde, etwa sechzehn Leute, also nicht gerade wenig. Ich stellte mich der Patientin vor und fragte: »Sind Sie damit einverstanden, dass Sie hier zu dieser Runde dazukommen, denn wir haben vorhin über Sie gesprochen, und ich hielt es für eine gute Idee, Sie einzuladen. Sind Sie einverstanden?«

Die erste Antwort war: »Ja, aber ich fühle mich jetzt hier ziemlich überrumpelt.«

»Das kann ich gut verstehen. Ich mache hier nur die Supervision, wissen Sie, was das ist?«

»Ja, habe ich selbst früher auch schon gehabt.« Es stellte sich heraus, dass sie Erzieherin war und früher in ihrem Beruf auch Supervision gehabt hatte.

Ich fuhr dann fort: »Super, dann wissen Sie ja, was wir hier machen. Wollen wir mal gucken, wie Sie die Situation hier erleben? Es gibt viele im Team, die Angst vor Ihnen haben; nicht alle, aber einige haben das Gefühl, Sie am besten gar nicht erst anzusprechen, weil Sie immer sehr heftig und unberechenbar reagieren. Da haben alle den Eindruck, es geht irgendwie nicht weiter und keiner weiß, was Ihnen guttun würde.« Die Patientin bestätigte, dass auch sie keine Idee habe, wie es für sie weitergehen könne, sie fühle sich aber auch nicht verstanden und negativ beurteilt, das mache sie oft wütend.

Über diese Einleitung sind wir miteinander in Interaktion gekommen, und es wurde ein völlig geordnetes Gespräch über ihre Situation in der Klinik, ihre Perspektivlosigkeit und die Pattsituation, in die sich die Patientin und das Team hineinmanövriert hatten.

»Sind Sie gerne hier?«, habe ich sie gefragt.

»Nein, ich würde eigentlich gerne weg.«

»Wissen Sie denn, was Sie machen müssten, damit Sie hier mit einer guten Perspektive gehen können?«

Nein, das war ihr nicht so richtig klar.

»Gut, vielleicht sollten wir mal hier in dieser Runde gemeinsam überlegen, wie Sie das bis zum nächsten Mal herausfinden können.«

Noch innerhalb dieser Supervision machte sie einen Termin mit der Ergotherapeutin aus, einen mit dem Sporttherapeuten, mit der Psychologin, und all das für die nächsten drei Tage. In dieser Zeit sollte sie sehen, was sie für sich selbst noch auf der Station regeln wolle.

Vier Wochen später beim nächsten Supervisionstermin auf der Station habe ich gefragt, wie es denn gelaufen sei. Es stellte sich heraus, dass die Patientin mittlerweile seit zwei Wochen entlassen war. Sie hatte alle vereinbarten Termine wahrgenommen und Interesse daran gezeigt, wie sie ihre Angelegenheiten nach einer Entlassung regeln könne. Vorher ging es vor allem darum, was ihre Störung, welche Diagnose die richtige sei und so weiter, eine Frage, deren Beantwortung sich in der langen Zeit des Aufenthalts auch immer wieder verändert hatte. Das hatte aber den Blick darauf verstellt, was denn eigentlich der Behandlungsauftrag war und wie man mit der Patientin in eine Begegnung kommen konnte. Das ist aus meiner Sicht aber immer der zentrale Punkt in einem therapeutischen Kontext, ganz unabhängig vom Setting.

Was war das Hinderliche im Stationssystem?

LEVOLD In der Interaktion zwischen der Patientin und dem Team hatte sich eine symmetrische Eskalation ergeben. Beide Seiten haben eigentlich mit maximaler Empathieverweigerung aufeinander reagiert. Es war unmöglich, einfach zu sagen: »Ich gehe jetzt einfach mal ins Gespräch und sehe dann, was dabei rauskommt«, weil schon im Vorhinein die Erwartungen festgelegt waren, was das Ergebnis des Gesprächs sein würde. Die Patientin fühlte sich nicht gesehen und gewürdigt und reagierte wütend, die Mitarbeiter des Teams betrachteten sie als nicht krankheitseinsichtig und fühlten sich in ihrer Wahrnehmung durch ihre Angriffe bestätigt. So hatte sich ein wechselseitiges Kontaktvermeidungsmuster etabliert. Interessanterweise wusste nach einem so langen Aufenthalt kaum jemand aus dem Team, dass die Patientin selbst einen pädagogischen Beruf ausgeübt und dabei sogar Erfahrungen mit Supervision gemacht hatte. Die Einladung in die Supervision hatte sie durchaus als Wertschätzung erlebt, was ermöglichte, dies als Ressource für die weitere Klärung zu nutzen.

Angst führt erst mal dazu, dass man versucht, eine spannungsgeladene Situation zu vermeiden. Interessant zu sehen ist, wie schnell sich so ein Muster chronifiziert. Es gibt kaum etwas Stabileres als Vermeidungssituationen, weil jede Vermeidung im Moment der Vermeidung ja als Erfolg erlebt wird, auch wenn es langfristig natürlich als Problem oder als Scheitern erscheint. Aber wenn ich in der konkreten Situation die Wahl habe, in das Zimmer der Patientin reinzugehen oder nicht, und zwar mit dem Risiko, dass die mich anschreit oder etwas nach mir wirft, dann mache ich vielleicht lieber die Wäsche oder führe ein Gespräch mit anderen Patienten oder dem Kollegen, jedenfalls sorge ich dafür, dass ich nicht in das Zimmer muss. Dann habe ich für einen Moment die Erleichterung, dass ich wieder drum herumgekommen bin – langfristig resultiert daraus natürlich ein bestimmtes Muster von Unbehagen, Hilflosigkeit und Abwehr.

Lieb Das ist ein wunderbares Beispiel. Aber zurück zu Ihrer Frage, was das Hinderliche im System ist: Meine zu Toms Ausführungen ergänzende hypothetische Systemdiagnose ist die, dass das Team in einer Krankheitsdiagnose gefangen war. Es hat keinen Wechsel aus der inhärenten Logik heraus vornehmen können. Die Logik war wohl die: Die Patientin hat eine Störung – mit welcher korrekten diagnostischen Kodierung auch immer: »Mit der stimmt etwas nicht.« Also können sie die nicht entlassen. Dieses Gefangensein in der Krankenlogik verhindert, das von dir geschilderte Geschehen auf einer anderen Ebene wahrzunehmen und zu beschreiben, zum Beispiel auf der Ebene der Hausordnung. Da würde man sagen: »Wir haben hier die Hausordnung, dass Leute, die zum Haus gehören oder Gäste dieses Hauses sind, nicht beworfen werden dürfen.« Würde man in einem Hotel das Personal, das ins Zimmer kommt, um sauber zu machen, beschmeißen, käme der Hoteldirektor und würde sagen: »Tut mir leid, reisen Sie bitte ab!« Wenn man aber in einem Konstrukt gefangen ist, das in dem Verhalten den Ausdruck einer Krankheit sieht, kann man nicht so vorgehen. Man hätte ihr auch einen Brief schreiben können mit der Aussage: »Wenn Sie sich noch einmal so verhalten, dann werden Sie nicht aus therapeutischen Gründen entlassen, sondern aus Hausordnungsgründen« – allerdings mit der Idee, mit der Patientin wie mit einer normalen Bürgerin umzugehen. Das war wohl blockiert.

LEVOLD In der Supervision werden Fälle ja fast immer zu einem Zeitpunkt besprochen, der schon sehr weit fortgeschritten ist und an dem Probleme auftauchen. Viel sinnvoller wäre vielleicht, Fälle gleich zu Anfang der Therapie in der Supervision zu besprechen, um eine Idee zu entwickeln, was das Problem des Klienten sein könnte, und um zu überlegen, wie man damit umgehen könnte. Sehr oft werden die Patienten erst dann vorgestellt, wenn das Team sagt, wir sind eigentlich mit unserem Latein am Ende. Da sitzt jemand schon seit zwei oder drei Monaten in der Klinik und es tut sich nichts.

Ich war mal mit einem Fall konfrontiert, in dem es um eine Frau mit Borderline-Diagnose ging. Sie hatte die provokative Angewohnheit, dass sie sich mit Rasierklingen die Knie und die Handinnenflächen aufschnitt und dann auf allen vieren über den Stationsflur kroch. Die Pflege beschwerte sich darüber und machte das zum Supervisionsthema, weil sie den Eindruck hatte, die Patientin mache das nur, um sie zu ärgern. »Wir müssen dann die Sauerei wegmachen.« Der Vorwurf war, dass der Stationsarzt die Patientin auch noch unterstütze. Der Arzt schwärmte tatsächlich, dass sie eine wunderbare Psychotherapiepatientin sei, sie sei unglaublich kooperativ, es würde viel Spaß machen, mit ihr zu arbeiten, weil sie ganz viel in die Therapiegespräche einbringe, und daher sei es ganz wichtig, dass das Pflegeteam dieses Verhalten noch ein bisschen weiter aushielte, denn das sei nur ein Ventil, mit der die Patientin ihre unerträglichen Spannungen reduziere. Eigentlich gebe es therapeutische Fortschritte und eine gute Prognose. Das restliche Team allerdings war schon dabei, auszusteigen.

Dieser Prozess war sehr spannend, weil keine Einigung in Sicht war. An dieser Stelle habe ich ebenfalls das Thema mit der

Hausordnung eingebracht und vorgeschlagen, dass der Therapeut der Patientin sagen solle, dass er mit den Mitarbeitern auf der Station viel länger als mit ihr zusammenarbeiten werde; er arbeite zwar gerne mit ihr, weil die Therapie aussichtsreich sei und deshalb auch Spaß mache, aber wenn sie nicht aufhöre, sich selbst zu verletzen und auf dem Flur alles mit Blut vollzuschmieren, dann könne er sie nicht weiterbehandeln. Prompt hat die Patientin das von einem Tag auf den anderen eingestellt.

Dahinter steckte letztlich beim Arzt auch das Konzept, dass die Patientin das nicht anders könne, weil sie ja nun mal »krank« sei und weil dies zu ihrem Krankheitsbild gehöre.

LIEB Ein wichtiger Aspekt der vorherrschenden Diagnosekonzepte ist, dass sie im juristischen Kontext dazu genutzt werden, Straftaten als Ausdruck einer Krankheit zu deklarieren. In diesem Kontext haben sie wieder eine spezifische Funktion. Das hat sicher oft gute Seiten, wenn jemandem eine lange Haft erspart bleibt und er stattdessen eine therapeutische Hilfe bekommt. Das hat aber oft auch eine ziemlich problematische Seite. In einem Fall wie dem von dir geschilderten könnte man das umwandeln: Hausordnungsverletzungen werden zum Ausdruck einer Krankheit. Das aber ist für alle Beteiligten eine Falle.

In Suchthilfeeinrichtungen tritt das Thema in ähnlicher Weise auf. Ein Beispiel: In einer Suchtklinik sagt ein Patient, er sehe nicht ein, eine Arbeitstherapie zu machen oder im Garten der Klinik oder in der Bäckerei mitzuarbeiten. Darauf antworten die Therapeuten, dass er das nicht wolle, sei ja okay, aber es sei ein wichtiger Teil der Therapie. Ob das jetzt zur Therapie gehört oder nicht, darüber entsteht in der Folge ein Streit zwischen Patient und Team. Innerhalb des Teams kommt es dann häufig zur Spaltung: Die einen sagen, wenn der da nicht mitmacht, müsse man ihn wegen Verweigerung eines Therapiebausteins rausschmeißen, und die anderen sagen, das sei ein Teil seiner Suchtkrankheit und müsse therapeutisch bearbeitet werden.

Auch hier gibt es wieder dieses Gefangensein in einer Krankenlogik. Beide Lager des Teams sind darin gefangen. Diese Klienten können mit Bezug auf ihr Suchtproblem natürlich als »suchtkrank« angesehen werden. Wenn man aber Gartenarbeit als Therapie definiert, ist das eine andere Logik, als wenn man sie als Teil der Hausordnung betrachtet, der ein Patient zustimmen muss, wenn er einige Zeit seines Lebens in diesem »Klinikhaus mit Vollpension« verbringen will. Letzteres wäre ein Vertrag eines Klinikhauses mit einem Bürger. Die Hausordnung einzuhalten oder zu brechen hätte dann nichts mit Krankheit und Therapie zu tun.

Ich rate solchen Teams immer, solche Arbeiten in einer Klinik gar nicht erst als »Psychotherapie« verkaufen zu wollen. Wenn ich alles unter einem krankheitsorientierten diagnostischen Gesichtspunkt sehe, dann wird auch etwas, was ich von einem Menschen für das Zusammenleben erwarte, zur Therapie. In so einem Fall führt das schnell dazu, dass der Patient am Ende die Macht über den Therapeuten erhält, weil der Klient nämlich sagen kann: »Jetzt erklären Sie mir doch mal, was das Aufräumen im Garten damit zu tun hat, ob ich später Alkohol trinke oder nicht!« Dann kommen die Therapeuten in einen erheblichen argumentativen Zugzwang, und es entwickelt sich ein Argumentationskampf, den meines Erachtens eher der skeptische Patient gewinnt.

Die Lösung, die ich dann vorschlage, ist, dass die Teams aufhören sollen, das Krankheitskonstrukt »Sucht« auf alle Lebensbereiche auszuweiten, denn dann hat der Klient immer die Möglichkeit, zu sagen: »Beweist mir erst mal, was das mit Therapie zu tun hat!« Ich schlage stattdessen vor, das über die Hausordnung zu regeln: Wir haben hier eine Hausordnung, und wer bei uns lebt, muss in bestimmten Aufgabenbereichen mitarbeiten – verbunden mit der Frage, ob der Klient mit dieser Hausordnung einverstanden ist. So kommt man auf eine andere Ebene und es wird auf dieser viel besser verhandelbar.

Wir müssen aufpassen, dass wir nicht Verhaltensweisen als Teil einer diagnostischen Kategorie verstehen, die damit überhaupt nichts zu tun haben. Bestimmte Verletzungen des sozialen Miteinanders haben nichts mit einer »Krankheit« zu tun. Wie auch nicht jede Straftat aus einer Erkrankung erwächst, die jemand ja haben mag.

RITUALE UND ERWARTUNGSERWARTUNGEN

»*Alles, was der Klient tut, kann ich als Bestätigung der Diagnose einordnen.*«
Hans Lieb

Diagnosen dynamisieren

Jetzt erzähle ich mal ein Fallbeispiel, das ich von einem Klinikleiter gehört habe: In dieser Klinik wurde versucht, auch bei Zwangseinweisungen ohne geschlossene Zimmer und Abteilungen zu arbeiten. An einem Freitagmorgen wird in Polizeibegleitung ein hoch aggressiver Mann gebracht – »ein Kerl wie ein Baum« –, der den Stadtteil schwer aufgemischt hatte. Auch in der Klinik pöbelte er sofort herum und drohte dem Klinikleiter sogar Prügel an, was dieser zunächst beantwortet hatte mit der Aussage: »Na, das ist eine Heldentat, auf einen alten Mann einzuschlagen.« Der eingelieferte Mann beruhigte sich etwas, woraufhin ihm der Klinikleiter anbot, er könne ihn am Mittag auf den Markt begleiten, denn er müsse in der Pause für sich privat ein paar Pflanzen kaufen. Der Mann trottete dann neben ihm her auf den Markt, aber an dem entsprechenden Stand dauerte alles ewig lang. Der Klient wurde ein bisschen hibbelig und sagte irgendwann: »Herr Doktor, ich werde noch verrückt, ich raste hier gleich aus.« Der Klinikleiter drückte ihm zwei Tüten mit Pflanzen, die sie bereits gekauft hatten, in die Hände und meinte, er solle ganz ruhig bleiben, sie hätten es ja gleich hinter sich. Es kam aber anders, denn alles dauerte sehr lange. Der Mann schließlich: »Ich haue hier gleich alles kaputt.« Darauf antwortete der Klinikleiter: »Sie werden doch wohl vorsichtig sein, denn dann gingen ja meine ganzen Pflanzen kaputt.« Und der Mann murmelte: »Da haben Sie auch wieder recht, Herr Doktor.«

Auch in diesem Beispiel findet sich dieses Element, das vermeintlich krankhafte Verhalten auf unseren »normalen« Alltag und seine Erfordernisse zu beziehen. Darin liegt offenbar ein nicht unwesentlicher Effekt der »Normalisierung« des Umgangs mit psychischen Beeinträchtigungen und Verhaltensauffälligkeiten.

LEVOLD Das hat etwas damit zu tun, wie Kontexte unsere Wahrnehmung und unser Verhalten organisieren. Wenn ich selbst weiß, dass etwas im Blickfeld von »gesund« und »krank« behandelt wird, dann muss ich mich in irgendeiner Weise dazu positionieren. Wenn ich keine Lust habe, im Garten mitzuarbeiten, mir aber gesagt wird, das diene meiner Gesundheit, dann kann ich dem widersprechen – selbst wenn es wirklich meiner körperlichen und psychischen Gesundheit dient. Weiß ich hingegen, dass ich im Garten arbeiten muss, weil ich sonst rausgeschmissen werde, dann treffe ich eine ganz andere Entscheidung.

Ich kann mich an eine Situation in einer Klinik erinnern, in deren Räumlichkeiten ich einen Weiterbildungskurs durchführte. Auf dem Weg zu diesem Raum stürzte eine völlig agitierte Patientin auf mich zu und schrie hektisch auf mich ein: »Ich muss hier sofort raus!«, fasste mich dabei am Arm und zerrte an mir. Ich habe geantwortet: »Entschuldigung, ich gehöre nicht zur Klinik, Sie können ganz normal mit mir sprechen.« Sofort bekam sie einen völlig anderen Blick und einen völlig anderen Atemtonus und sagte: »Ja, an wen muss ich mich denn dann wenden?«

In unterschiedlichen Kontexten verhalten wir uns auch unterschiedlich, weil die Wahrnehmung dieser Kontexte unser Denken, Fühlen und Verhalten organisiert. Insofern ist ein realer oder imaginierter Kontextwechsel immer auch eine Ressource, die wir zur Verfügung haben – vorausgesetzt, wir befinden uns nicht in einer wirklich akuten Situation, in der wir gar nicht mehr über eine Orientierungsmöglichkeit verfügen, sondern nach einem Notfallplan affektgesteuert agieren.

Das ist auch in Kliniken immer wieder interessant zu beobachten: Das Gespräch, das ich in der erwähnten Supervision mit der Patientin geführt habe, wäre für alle anderen Mitarbeiter auf der Station ja auch ohne Probleme möglich gewesen, aber sie hatten aufgrund ihrer Problembeschreibungen den Kontext so definiert, dass das nicht möglich war, und wenn doch, dann hielte die Patientin das höchstens fünf Minuten durch, dann haute sie wieder ab. Die waren dann alle völlig verblüfft, dass ich mit ihr fast eine Dreiviertelstunde lang gesprochen habe, und das auch noch vor so einem großen Publikum. Zwar fühlte sie sich zunächst überrumpelt, aber es ist uns dann gelungen, einen Gesprächskontext auf Augenhöhe zu entwickeln. In dem Moment, als sie sagte, sie kenne Supervision aus ihrer früheren Erfahrung, wusste ich, dass ich jetzt einen Ansatzpunkt mir ihr hatte. Es wäre völlig anders verlaufen, hätte ich gesagt, ich wolle über ihre »Störung« oder »Krankheit« reden.

Damit sind wir wieder bei der Gefahr der Ontologisierung, die uns nahelegt, ein Persönlichkeitsmerkmal sei so eine Eigenschaft wie etwa die Schuhgröße oder die Haarfarbe. Selbst wenn wir eine Angststörung haben, heißt das ja nicht, dass wir vierundzwanzig Stunden am Tag Angst haben. Unsere ganze Persönlichkeit geht nicht in dem Label »Persönlichkeitsstörung« auf. Jemand, der eine hohe Vulnerabilität für solche Labels hat, wird sich womöglich schnell durch solch eine Zuschreibung dominiert fühlen und darauf reagieren. Wir Fachleute bieten damit selbst schon ein Konfliktpotenzial an, ohne dass uns das vielleicht klar ist. Die *Dynamisierung* solcher Diagnosen erscheint mir total wichtig, nämlich zu sehen, dass jemand in *bestimmten* Situationen auf eine andere Art und Weise anfällig für Ängste ist als in anderen Situationen.

Wir müssen also auf Unterschiede achten und diese herausarbeiten, denn erst damit kann man dann therapeutisch arbeiten. Lege ich jemandem unentwegt nahe, dass er eine Angststörung habe, und übernimmt der das als zutreffende Beschreibung für sich, ist die Wahrscheinlichkeit hoch, dass er sein ganzes Verhalten entlang dieser Diagnose organisiert. Das ist völlig logisch. Therapeutisch würde ich hier versuchen, die Bereiche und Situationen mit dem Patienten herauszuarbeiten, in denen er sich jetzt schon erlauben kann, auf seine Angststörung, oder wie immer er das nennen möchte, zu verzichten und andere Verhaltensoptionen zu prüfen. Dem erregten Patienten, der sagt: »Ich hau jetzt hier alles in Klump!«, wurde dementsprechend vermittelt: Hier geht es jetzt nicht darum, deine »Persönlichkeitsstörung« auszuleben, sondern wir kaufen gerade Blumen ein.

Lieb Zwei Begriffe möchte ich noch hinzufügen: Der eine ist »Ritual«, der andere »Erwartungserwartungen« in sozialen Rollen. Zu jeder zeitlich anhaltenden Beziehungsstruktur gehören Rituale. Zur Therapie gehört das Ritual, dass da ein Patient sitzt, der ein Problem hat und darüber erzählt; hier sitzt ein anderer, der hört zu, fragt nach und bildet sich ein, er könne dem anderen helfen. Wenn der Therapeut nun sagt: »Hey, jetzt geht es um meine Blumen« oder »Ich gehöre nicht zum Klinikpersonal«, dann wird ein Ritual unterbrochen oder außer Kraft gesetzt.

Als ich noch in der Klinik arbeitete, haben wir immer gesagt, wir müssen mal beobachten, welche Rituale bei Patienten ablaufen, wenn sie mit Mitpatienten irgendwo am Tisch sitzen und reden, Tischtennis spielen oder sonst etwas tun, und welche Rituale ablaufen, wenn es Zeit ist, zur Therapiestunde zu gehen und sich auf den Weg zum Therapiezimmer zu machen, dort fünf Minuten vor dem Therapeutenzimmer zu sitzen und dann den »Therapieraum« zu betreten. Welche Verwandlungen finden in dem Moment statt? Mit welchem Ritual wird die Therapiestunde eröffnet? Die Gewaltexplosion oder das Tassenwerfen und der therapeutische Umgang damit werden aus dieser Sicht dann zu einem Ritual, das die Krankenlogik bestätigt. Wie das Team darauf reagiert, gehört ebenfalls zum Ritual. Deine Art, mit der Patientin zu reden, Tom, oder der von Ihnen geschilderte Klinikleiter, der mit einem Patienten Blumen kauft, sind Varianten, aus diesen Ritualen auszusteigen.

Levold Nur ein kurzer Einschub: Ich hatte früher meine Praxis am Ende einer Sackgasse, sodass ich gelegentlich sehen konnte, wie meine Klienten von der Hauptstraße zu mir kamen. Ich hatte eine Klientin, die hatte einen wunderschönen elastischen, federnden, leichten Gang, es machte Spaß, ihr beim Gehen zuzuschauen. Sobald sie bei mir durch die Tür kam, änderte sich das komplett und dann war nur noch Jammern,

Weinen und Klagen angesagt, begleitet von einer entsprechenden gedrückten, gebeugten, eingesunkenen Körperhaltung. Sie geriet dann beim Erzählen von ihren Problemen sofort in eine starke Problemtrance, die erst im Laufe der Stunde wieder aufgelöst werden konnte. Irgendwann in der Zeit der Therapie habe ich sie zufällig in einem anderen Kontext erlebt, nämlich auf einem Fest, wo mir eine Frau auffiel, die unheimlich toll getanzt hat, in so einer völlig gelösten Art. Ich habe zuerst nur auf dieses Bewegungsmuster reagiert, dann aber gedacht: »Irgendwoher kennst du diese Frau.« Plötzlich kam ich drauf, dass es ja diese Klientin war.

LIEB Nun konntest du aber nicht sagen: »Hallo, hier bin ich, wie geht es Ihnen denn?«

LEVOLD Nein, aber ich habe ihr das danach zurückgespiegelt. Das war eine sehr interessante Geschichte, weil ihr selbst plötzlich bewusst wurde, dass sie einen Zugang zu bestimmten positiven Erfahrungen hatte, die ganz unabhängig davon waren, was sie alles an Belastendem und Schwierigem im Leben mit sich herumschleppte. Es ging mir in der Therapie eigentlich darum, wie sie das als Ressource nutzen konnte, denn immer, wenn sie über sich selbst nachdachte, fielen ihr nicht diese Momente ein, sondern immer irgendetwas, was mit ihren Schwierigkeiten zu tun hatte. Das Ritual bedeutet immer schon eine Festlegung, aus der man nicht so ohne Weiteres herauskommt. Insofern kann Therapie eben auch zu einer Problemverlängerung oder Problemvertiefung beitragen, wenn man dabei immer nur auf die Problemkonstellationen selbst fokussiert und damit die Problemtrance verstärkt.

LIEB In den Sitzungen mit der erwähnten Klientin, die sich nur im Nichtessen autonom erlebte, habe ich gesagt: »Schauen Sie mal, wir beginnen unsere Gespräche stets damit, dass Sie sagen, was Sie wiegen, und indem Sie mir ein Essprotokoll zeigen. Sie wollten das mit mir ambulant fortführen, weil es in der Klinik hilfreich für Sie gewesen ist. Wir können das auch weiterhin machen, aber kommen Sie sich nicht manchmal komisch dabei vor? Welcher erwachsene Mensch geht denn irgendwo hin und sagt, hier, schau mal, so viel habe ich gegessen?« Das war ein therapeutisches Ritual. Ein Ritual kann seinen Sinn haben, aber wir sollten es als Ritual erkennen und auch so markieren. Das kann ein wichtiger therapeutischer Schritt sein, dass ich das Ritual auch mal als Ritual erkenne, sonst bin ich im Ritual und den darin zugeteilten Rollen gefangen.

Damit will ich noch zu dem zweiten Stichwort »Erwartungserwartungen« kommen: Wenn als Grunddefinition – bewusst oder unbewusst – über der Therapie schwebt, dass hier ein Kranker oder ein Behandlungsbedürftiger sitzt und dort diejenigen sind, die helfen wollen, dann sind damit ganz bestimmte Rollen festgelegt. Dann gibt es im Krankheits- beziehungsweise Gesundheitswesen hinsichtlich der Rollen nichts mehr zu verhandeln und nichts zu entscheiden, dann ist klar, dass derjenige, der die Tasse wirft oder aggressiv ausrastet, der Patient ist, er tut das *als Patient* und zeigt sein Problem. Den anderen wird die Rolle zugeschrieben, mit diesem Problem nicht wie im normalen Leben, sondern eben therapeutisch umzugehen. Und es wird erwartet, dass sie das professionell und erfolgreich tun.

Damit sind dann Erwartungserwartungen in alle Richtungen verbunden, zum Beispiel erwartet im Rahmen des Gesundheitswesens ein Therapeut oder eine Therapeutin von sich selbst – ich sehe das immer wieder in Supervisionen –, irgendetwas zu tun, damit die Klientin aufhört, ein Problemverhalten zu zeigen, zum Beispiel Tassen zu schmeißen.

Beschreibt man aus der Systemperspektive die Logiken des Gesundheitswesens und die Logik der Psychotherapie, dann stößt man immer wieder auf eine Paradoxie, die zwar nicht aufzulösen ist, die man aber erkennen und kreativ bewältigen kann, nämlich die, dass gleichzeitig der Therapeut irgendwas tun soll, damit der Klient sein Verhalten ändert. Die Verantwortung dafür, dass der Klient sein Verhalten ändert, wird nach der

Logik des Gesundheitswesens dem Therapeuten zugeschrieben. Die psychotherapeutische Logik kommt zu einer ganz anderen Schlussfolgerung: Nach ihr kann nur der Klient entscheiden, ob er sein Verhalten verändert oder nicht.

Diese zwei Logiken treffen zunächst immer aufeinander, wenn im Kontext Gesundheitswesen Psychotherapie als Heilkunde betrieben wird. Die Legaldefinition von Psychotherapie im Psychotherapeutengesetz als Heilkunde legt diese Rollen fest. Diese Paradoxien zu erkennen und sie klug zu managen, gehört zu den Fertigkeiten, die Systemiker, wenn sie ins Gesundheitswesen gehen, beherrschen müssen. Das gilt für alle anderen Therapieschulen auch, aber von ihrer Historie her und ihren theoretischen Fundierungen erfassen und lösen sie das verschieden. Wenn Therapeuten im Gesundheitssystem dies nicht erkennen, laufen sie Gefahr, in etwas hineinzurutschen, was ich die typische »Ohnmacht des Experten« nenne: *Weil* ihm per Rolle die Macht zugesprochen wird, etwas zu verändern, das er nicht verändern kann, und *wenn* er diese Zuschreibung unreflektiert übernimmt, dann kommt er in eine Position der Ohnmacht. Ich habe das an mir selbst oft erlebt.

Ein Beispiel dazu: Ich hatte mal in der Klinik, in der ich gearbeitet habe, einen Patienten, der ein ganz außergewöhnliches Symptom hatte. Der zeigte so eine Art Bellen – im Sinne eines Tics. Das war für mich eine spannende Herausforderung. Nach vier Wochen Therapie in der Klinik hatte sich daran überhaupt nichts verändert. Was aber passierte, war, dass die Kollegen zu *mir* kamen und sich beschwerten, dass der immer noch bellend über den Flur laufe und die Entspannungstherapien damit störe. Ich wurde am Ende wütend auf den Patienten, weil der trotz aller meiner Bemühungen nichts veränderte und mich erfolglos dastehen ließ. Ich habe mich in der Not meiner Ohnmacht dann einmal bei ihm beschwert, dass er sich immer noch so bellend verhalte. Das hat natürlich alles nur verschlimmert und ich habe den Patienten dann an eine Klinikkollegin abgegeben – und die hat mit ihm dann ganz unemotional ein lerntheoretisch begründetes »Verhaltensänderungsprogramm« durchgezogen und war recht erfolgreich damit. Das ist seither mein persönliches Standardbeispiel dafür, wie ich mir im klinischen Kontext die Verantwortung dafür gegeben oder sie übernommen habe, etwas zu verändern, was nur der Patient selbst ändern kann – um sie ihm dann frustriert wieder zurückzuwerfen.

LEVOLD Diese Erwartungen an Therapeuten, die diese ja oft an sich selbst haben, die Verantwortung für Verhaltensänderungen des Klienten zu tragen, die sie selbst aber nicht veranlassen können, führen in eine Paradoxie, die es im Bereich der somatischen Behandlung von Patienten in dieser Form nicht gibt, auch wenn hier natürlich auch die Compliance, also die Mitwirkung der Patienten am Behandlungs- und Heilungsprozess, gefragt ist. In der Somatik sind die asymmetrischen Rollenzuschreibungen viel stärker ausgeprägt, und das ist auch gut so. Breche ich mir ein Bein, dann akzeptiere ich den Autonomieverlust, was die Steuerung meiner körperlichen Motorik betrifft, und übertrage die Autonomie oder delegiere sie an den Arzt, der mich behandelt. Als »Belohnung« bekommen wir dafür das Recht, uns nicht so verhalten zu müssen, wie wir das machen müssten, wenn wir einen gesunden, intakten Körper hätten, und dürfen uns versorgen lassen.

In Psychotherapie und Psychiatrie funktioniert das aber so nicht, weil die Erwartungen auf beiden Seiten selbst schon paradox sind. Patienten erwarten, dass die Therapeuten etwas tun, damit es ihnen besser geht, ohne dass sie selbst die Verantwortung für eine Veränderung übernehmen müssen. Therapeuten erwarten auf der anderen Seite, dass Patienten Compliance zeigen, in die Krankenrolle gehen, akzeptieren, krank zu sein, und kooperieren. Gleichzeitig ist aber unsere Erwartung, dass sie es sind, die ihr Verhalten verändern und autonomer handeln. Das heißt, »Hilfe« geht hier mit der Erwartung einher, dass die

Klienten einen Autonomieverlust akzeptieren bei gleichzeitiger Autonomieforderung an den Patienten. Das macht es natürlich ganz schwierig.

Am stärksten ist das im Maßregelvollzug zu beobachten, denn in der forensischen Psychiatrie geht es in ganz besonderem Maße um das Verhalten der Patienten, da dieses beziehungsweise die damit verbundenen Delikte ja der Grund für ihren Aufenthalt im Maßregelvollzug sind. Als Supervisor in der forensischen Klinik höre ich von vielen, dass sie lieber auf einer Station mit psychotischen Menschen als auf einer Station mit »persönlichkeitsgestörten« Patienten arbeiten würden. Zum einen rückt hier das Thema der Schuld und Verantwortung für die Tat schneller in den Hintergrund, weil die Psychose ja als Unfähigkeit zur Verantwortungsübernahme konzeptualisiert wird, zum anderen ist hier die Bereitschaft, Folge zu leisten, größer. Psychotikern kann man eher sagen, sie sollen jetzt ihre Medikamente nehmen, damit es ihnen besser geht, und die nehmen diese Tabletten dann auch eher, wenn sie die Medizierung nicht selbst wahnhaft verarbeiten.

Auf den Stationen mit sogenannten persönlichkeitsgestörten Patientinnen und Patienten gibt es dauernd die Diskussionen um affektive Entgleisungen, Beschimpfungen des Personals, Konflikte zwischen Patienten und zwischen Patienten und Personal und so weiter. Hier haben wir es noch mit einer weiteren Paradoxie zu tun, nämlich dass man die Erwartung formuliert, die Patienten sollten sich sozial verhalten, aber nicht als vordergründige Anpassungsleistung, weil es verlangt wird, sondern weil sie es selbst wollen sollen. Es geht also nicht nur um Verhaltensänderung, sondern diese muss auch noch *authentisch* rüberkommen. Bin ich aber authentisch und finde ich eigentlich diese Behandlung nicht in Ordnung, dann gehe ich womöglich in einen Konflikt. Das wiederum wird mir ausgelegt als fehlende Kooperation. Kooperiere ich hingegen, stellt sich den anderen die Frage, kooperiert der wirklich oder macht der das eigentlich nur, um so schnell wie möglich hier rauszukommen – dann wiederum ist es nicht mehr authentisch.

Lieb Und diese Paradoxie spiegelt sich oft auch im Therapeuten selbst. Der muss jetzt den Untergebrachten irgendwie dazu kriegen, sich anständiger zu verhalten, schreibt aber *sich selbst* die Verantwortung zu, ihn dazu zu kriegen, sich anders zu verhalten. Der Psychotherapeut ist also selbst gefangen in einer Erwartung, die er nicht erfüllen kann.

Levold Diese Erwartung wird dann wiederum an uns als Supervisoren übertragen, und zwar nach dem Motto: »Wir wissen nicht mehr weiter, jetzt müssen Sie uns sagen, was wir tun können, damit sich die Patienten ändern.«

Lieb Um aus der quälenden Seite der Paradoxie herauszukommen, gibt es nur die Möglichkeit, sie als Paradoxie zu erkennen.

Levold Ja, und auch Nichtveränderung zu erlauben.

Lieb Oder jedenfalls die Konsequenzen der Nichtveränderung nicht mehr mir als Therapeuten zuzuschreiben, dass ich nicht geschafft habe, ihn zu verändern, sondern sie ihm zuzuschreiben, also zu sagen: »Wenn Sie sich nicht verändern, kann es sein, dass Sie hierbleiben müssen und aus dem Maßregelvollzug nicht herauskommen.«

Levold Das hat für uns Therapeuten den Nachteil, dass man sich selbst dann nicht mehr mit der gleichen Sicherheit die Therapieerfolge zuschreiben kann. Wir neigen ja bekanntlich dazu, wenn die Therapie gut läuft, uns den Erfolg zuzuschreiben, läuft es aber nicht gut, zu sagen, mit dem Patienten habe man einfach keine Therapie machen können. Solche Zuschreibungen finden wir in der Praxis natürlich immer wieder.

Dialogische Diagnostik

Kommen wir noch mal zu dem Wort der Erwartungserwartungen: Ich erwarte von den anderen, dass die von mir erwarten, dass ich von ihnen erwarte ... Das heißt, ich werfe ein Glas, und ich habe natürlich eine Hypothese, was jetzt passiert, und dass die, die jetzt ins Zimmer kommen, von mir etwas Bestimmtes erwarten.

LEVOLD Ja, durch die Erwartungserwartungen stabilisiert sich das System. Es stabilisiert sich um ein höchst problematisches Muster herum, das dann nicht mehr aufgelöst wird, weil es völlig erwartungskompatibel ist. Der erste Schritt wäre, die Erwartungen selbst zum Thema zu machen und zu prüfen, ob ich das überhaupt so erwarten muss, oder kann ich offener werden in Bezug auf das, was vielleicht möglich ist.

Bleiben wir noch einen Moment beim Maßregelvollzug: Hier fallen ganze Kategorien von therapeutischen Reaktionen weg. Sie können niemandem drohen, er fliege raus, wenn er sich nicht an die Spielregeln halte. In anderen Einrichtungen sorgen die sogenannten Systemsprenger für Probleme, denen ja doch keine Hilfe entzogen werden soll, nur weil sie »schwierig« sind. Haben wir es da nicht doch mit schwerwiegenderen Konflikten zu tun als die, die wir bisher vor Augen hatten?

LEVOLD Ja, weil sich das interaktionell viel stärker zuspitzen kann. Die therapeutische Beziehung im Maßregelvollzug wie in allen anderen Zwangskontexten ist ja dadurch gekennzeichnet, dass der Auftrag nicht zwischen den Professionellen und den Klienten beziehungsweise Patienten allein ausgehandelt wird, sondern auch von dritter Seite juristisch festgelegt ist. In diesen Fällen kann niemand entlassen werden, weil er nicht kooperiert oder kein Anliegen hat.

Durch die veränderte Rechtsprechung der letzten Jahre ist eine schwierige Situation in der Psychiatrie entstanden, die vom Personal manchmal als extrem belastend erlebt wird. Während bei Nichtkooperation im Maßregelvollzug früher eine Pattsituation bestand, weil Zeit keine große Rolle spielte, wird heute bei der juristischen Überprüfung der Unterbringung über kurz oder lang die Frage der Verhältnismäßigkeit zu einem entscheidenden Kriterium für eine weitere Unterbringung. Das verstärkt die Angst aufseiten der Behandler massiv, Patienten womöglich wegen der Verhältnismäßigkeit entlassen zu müssen und bei mangelndem Therapieerfolg selbst in die Haftung für mögliche zukünftige Delikte genommen zu werden. In der Akutpsychiatrie gibt es eine ähnliche Zuspitzung, weil niemand mehr gegen seinen Willen mediziert werden darf, außer wenn eine nachweisliche Selbst- oder Fremdgefährdung besteht – aber auch dann muss das erst einmal richterlich angeordnet werden. Das macht diese Arbeit kompliziert, nicht weil die Mitarbeiter nicht mit dieser Situation umgehen könnten, aber wenn ich nur mit drei oder vier Leuten im Dienst bin und einer muss Sitzwache bei einem massiv agierenden Patienten halten, weil die Sicherheit der anderen Patienten sonst nicht zu gewährleisten ist, dann kommt der ganze Stationsablauf unter die Räder, was auch bedeutet, dass man sich nicht so um die anderen Patienten kümmern kann, wie diese das bräuchten.

Man kann so was ja nur ausführen, wenn man ausreichend Ressourcen zur Verfügung hat, um das abpuffern zu können. Luc Ciompi hat 1998 in seinen Arbeiten über *Affektlogik* gezeigt, dass eine gute affektive Kommunikation neuroleptische Wirkung hat, das hat aber zur Voraussetzung, dass ich ausreichende Zeit für eine gute affektive Kommunikation bekommen muss. Das ist heute bei der Ressourcenlage in der stationären Psychiatrie überhaupt nicht selbstverständlich. *Das* erscheint mir als ein Hauptproblem.

Damit sind wir wieder beim »Kontext«.

LEVOLD Ja, da sind wir wieder beim Kontext. Wird eine Unterbringung oder »Behandlung« von einem Dritten aufoktroyiert, dann ist völlig klar, dass das interaktionell sehr schnell negativ aufgeladen wird, denn ein solches Dreiecksverhältnis ist hochgradig störungsanfällig. Es braucht schon extrem viel Geschick in der Beziehungsgestaltung, der Kontaktaufnahme und so weiter. Für mich ist immer wieder eindrucksvoll, wie gut Leute, die diese Arbeit schon sehr lange machen, das hinkriegen, übrigens auch und gerade beim Pflegepersonal.

Die Bedeutung des Pflegepersonals wird da sowieso oft unterschätzt, denn eine junge Assistenzärztin oder ein junger Psychologe in Ausbildung muss ja erst mal sozialisiert werden in diesem System, und diese Aufgabe leistet zum ganz großen Teil das Pflegepersonal. Diese Mitarbeiterinnen und Mitarbeiter wissen, was man wann in solchen Situationen macht. Man merkt, wenn man auf eine Station kommt, wo es gut läuft und wo schlecht, wo viel »Spannung« herrscht oder wo es entspannter ist. Auch das diagnostische Wissen von Pflegekräften ist überhaupt nicht zu unterschätzen, und die sortieren ja nicht alles nach F-Klassen, sondern haben eine eigene Pflegediagnostik, weil die andere Aufgaben haben. Die registrieren im Kontakt ganz schnell, wie sie von jemandem angesehen werden, wie der sich bewegt, wie der redet – die haben ein Gespür dafür, wie man mit einer Situation auf eine gute Art und Weise umgehen kann.

LIEB Wir haben da eine Dreieckssituation vorliegen: Der Klient, der sagt, ich will hier raus, die Einrichtung, die sagt, bitte verhalte dich anständig, damit du hier sozial verträglich bist und wir einen Therapieerfolg haben, und eine dritte Instanz, die die Situation erst herstellt und die beiden zusammenbringt und zusammenhält, denn sonst würden sich die zwei wohl sofort trennen. Die wären ja beide froh, wenn sie sich gegenseitig los

wären. Es existiert also eine dritte Instanz, die sagt: »Du musst dableiben, damit du dich änderst – und ihr Therapeuten müsst auch bleiben und etwas dafür tun, dass er etwas sozial Verträgliches hinkriegt.« Es geht mir hier um jene Varianten von Dreieckskonstellationen, bei denen jeweils eine dritte Instanz maßgeblich dafür ist, dass Klient und Therapeut in Interaktion treten und in Interaktion bleiben müssen.

Das kann in einem anderen Kontext auch die Ehefrau eines Alkoholikers sein, die sagt: »Wenn du die Therapie in der Klinik abbrichst, dann …« In anderen Fällen ist es das Jugendamt oder der Richter. Bevor man in solchen Kontexten zu Lösungsideen kommt, lohnt es sich, ein solches System und seine Spielregeln zu beschreiben beziehungsweise eine Formulierung zu suchen, wie das Problem heißt, für das die »Zwangsehe« von Therapeut und Klient eine Lösung ist. Dabei kommt ziemlich oft heraus, dass die klinische Einrichtung oder die Therapeuten in einer Einrichtung erstens den Auftrag angenommen haben, bei den ihnen zugewiesenen Menschen etwas zu verändern, und dass die Konsequenzen dafür, wenn sie das nicht erreichen, für irgendjemand anderes schlimmer sind als für den Klienten, der sich verändern soll. Oft sind das dann die Therapeuten der Einrichtung selbst – denn für sie ist das hart, weil sie sich dann für erfolglos und unfähig halten oder gegebenenfalls auch von anderen so bewertet werden.

Es gibt ja Konstellationen, bei denen der Klient, zum Beispiel ein Jugendlicher, sagt: »Ja, dann schmeißt mich doch raus, damit kenne ich mich doch aus, dann bin ich halt draußen.« Dann haben die *Einrichtung* oder die Vertreter der Einrichtung ein Problem, etwas nicht geschafft zu haben, *nicht aber* der Klient. Systemisch müsste man jetzt schauen, welches Problem hat die Einrichtung damit, wenn sie ihn rausschmeißt, möglicherweise ist das nämlich größer als das Problem beim Klienten. Unter Machtperspektiven, wie Luhmann und andere das beschrieben haben, ist dann die Institution die ohnmächtigere, weil die mehr davon abhängig ist, dass der Klient sich ändert, als der Klient selbst.

LEVOLD Dieses Thema mit der Diagnostik zu verbinden ist interessant, denn wenn es keine formalisierte Diagnostik gäbe, wären die Institution und der Klient freier, sich zu begegnen. Diagnostik benennt nun etwas als eine festgelegte Störung und sagt zum Beispiel, jemand sei nicht im vollen Besitz seines freien Willens, der könne sich in bestimmten Grenzen gar nicht anders verhalten und deswegen obliege es der Klinik, die Verantwortung für den Veränderungsprozess zu übernehmen. Das ist ihr »Auftrag«. Wenn sie aber jemanden rausschmeißt, der eigentlich »behandlungsbedürftig« wäre, würde man sich als Behandelnder schuldig machen. Dahinter steckt die Idee, dass die Verantwortung nicht einfach nur das ist, was sich der Therapeut selbst einredet, sondern dass sie gesellschaftlich zugewiesen wird, auch wenn das für das Individuum eine paradoxe Situation bedeutet.

LIEB Genau. Das sind Rollen und Zuschreibungen, die wir nicht ablegen, wohl aber durchschauen können. Du hast in eurem großen Lehrbuch zur Systemischen Therapie ja vier Umgangsweisen mit Diagnosen beschrieben. Jetzt haben wir eine davon im Raum: Irgendeine externe Instanz definiert, das Verhalten von einem Menschen, das man sonst vielleicht als Straftat oder als gewähltes und zu verantwortendes Verhalten ansehen würde, sei Ausdruck einer Störung, einer Krankheit. Und dem kann man sich nicht mehr so leicht entziehen.

Nehmen wir mal einen forensischen Gutachter, der die Aussage macht, jemand habe eine Störung, zum Beispiel eine Persönlichkeitsstörung, und deshalb ist der Mensch jetzt im Maßregelvollzug. Dann ist sofort eine Beziehungskonstellation zwischen Therapeut und Klient etabliert. Therapeut und Klient wissen nun gegenseitig, dass auch der andere von der Diagnose und den dazugehörigen Rollenzuschreibungen weiß. Es ist gutachterlich eine Narration entstanden, die jemanden als krankheitsbedingt aggressiv ausweist und die angibt, wer jetzt zuständig ist für die Veränderung. Meine Frage lautet nun: Wie lässt sich mit diesen Rollen, die ich als Therapeut innerhalb dieses Kontextes ja nicht einfach abweisen kann, in einer transparent interaktionell ausgerichteten Diagnostik umgehen, in der es keine Hierarchie geben soll? Ich glaube schon, dass man diese Hierarchie, wenn man geschickt damit umgeht, wieder ausheben kann. Aber immer stellt sich die Frage: Wie?

LEVOLD Was du vorhin gesagt hast, ist ja richtig: Paradoxien lassen sich nicht auflösen, sondern man kann sie nur durchschauen, aushalten oder in irgendeiner Weise verzeitlichen, aber sie sind grundsätzlich nicht nach einer Seite hin auflösbar. Dennoch kann man durchaus therapeutisch damit arbeiten. Ich muss dazu allerdings akzeptieren können, dass der Klient vielleicht nicht die Vorstellung hat, dass er von Therapie profitieren kann, weil er sich ja selbst nicht für eine Therapie entschieden hat. Der sagt vielleicht: »Therapeuten sind Arschlöcher« oder »Reden bringt sowieso nichts«. Sollte ich das dem Klienten zum Vorwurf machen, dann bin ich selbst schon in der Paradoxie gefangen. Ich muss das akzeptieren und ihn trotzdem zu gewinnen versuchen, ohne ihm »Widerstand« zu unterstellen oder nur die Diagnose bestätigt zu sehen.

> **Vier systemische Positionen zum Umgang mit Diagnostik**
> 1. Grundsätzliche Ablehnung von Diagnostik aus erkenntnistheoretischen Erwägungen
> 2. Relationale Diagnostik zur Identifizierung von Interaktionsmustern
> 3. Diagnostik als Herausarbeitung von Ressourcen
> 4. Diagnostik als offener Interaktionsprozess zwischen Therapeut und Klient
>
> Nach: T. Levold (2016). Systemische Therapie und Diagnostik. In T. Levold, M. Wirsching, (Hrsg.), Systemische Therapie und Beratung – das große Lehrbuch (S. 130–150). Heidelberg: Carl-Auer.

Gutachter sind natürlich immer in diesem Dilemma, weil sie letzten Endes – und schon wieder kommen die Diagnosen ins Spiel – entscheiden, ob jemand nach Paragraf 63 oder 64 verurteilt wird, also: Kommt der in die Psychiatrie oder in eine Suchtklinik? Und dann fragt sich: Fühlen sich die Patienten von den Gutachtern richtig beschrieben oder nicht? Wie verändern sich die Selbst- und Außenwahrnehmungen der Patienten während der Zeit der Unterbringung? Es gibt viele im Maßregelvollzug Untergebrachte, die wollen da gar nicht mehr raus. Andere sagen, eigentlich seien sie überhaupt nicht krank, die möchten lieber im Knast sein. Da werden Diagnosen zum Hebel, mit denen Entscheidungen über Biografien getroffen werden, und zwar ziemlich nachhaltige Entscheidungen. Das alles wird überhaupt nicht dialogisch mit den Patienten entwickelt, sondern wird von außen verfügt und durch das Rechtssystem legitimiert.

Sie würden also sagen, dass es möglich ist in unserem bestehenden System, mit diesen Klienten, auch was die Diagnostik angeht, in einen dialogischen Prozess einzusteigen?

LEVOLD Entschieden: Ja! Nicht mit allen natürlich, aber grundsätzlich würde ich immer sagen, dass es darum gehen muss, den Versuch zu unternehmen. Das Hauptproblem aus meiner Sicht ist dabei die Frage, ob das System Maßregelvollzug, in dem die Therapeuten arbeiten, bereit ist, Risiken einzugehen oder nicht.

Das müssen wir uns aber auch als Gesellschaft beantworten.

LEVOLD Das ist eine gesellschaftliche Frage, ja, denn die Idee einer maximalen Sicherheit schließt Psychotherapie aus. Wir müssen uns ja klarmachen: Die Helfersysteme geraten in Zwangskontexten nur dann in eine Krise, wenn Therapie *erfolgreich* ist. Dann wird es schwierig für die Helfer. Solange Therapie keine Wirkung zeigt, sind alle zufrieden, denn dann braucht man seine

Erwartungen nicht zu verändern, man kann weitermachen und die Diagnose aufrechterhalten, die eine Fortsetzung des Zwangskontextes legitimiert.

Das kann man auch gut auf dem Gebiet des Kinderschutzes sehen. Bei einer massiven Kindeswohlgefährdung kann man argumentieren: »Das Kind kann nicht mehr in der Familie leben, wir müssen eine Fremdunterbringung veranlassen.« Aber wenn sich die Familiensituation nachhaltig verändert, bekommen bei der Frage, ob zum Beispiel das sexuell missbrauchte Kind wieder zurück in die Familie kann, wenn es das möchte, alle Helfer sofort Herzflattern, weil sich alle sofort die Fragen stellen: »Gehen wir das Risiko ein oder nicht? Was ist, wenn die Familie nur geschickt so getan hat, als hätte sie sich verändert, aber eigentlich ist sie immer noch so wie vorher?« Davor haben alle Angst.

Das ist im Maßregelvollzug genau das Gleiche: Lockern wir die Bedingungen für einen Patienten und ermöglichen ihm beispielsweise Ausgänge oder eine vorläufige Entlassung, denn anders ist ein Therapieerfolg ja nicht festzustellen, dann sehen wir, ob er in der Lage ist, sich draußen zu orientieren, ohne irgendjemanden zu belästigen oder zu überfallen. Diesen Erfahrungsraum müssen wir ihm bieten, das müssen wir riskieren.

Gut, das ist jetzt die Systembeschreibung, aber wie gehen Sie mit so einem Klienten konkret in einen »diagnostischen« Dialog?

LIEB Ich würde sagen, dass es eine Prämisse gibt, und die lautet: Ich bin immer in einer *gesellschaftlich geprägten* sozialen Rolle. Wer mit solchen Menschen im Rahmen der beschriebenen Paradoxie arbeitet, der hat einen gesellschaftlichen Auftrag angenommen.

Der nächste Punkt ist, dass das eine hohe Kompetenz erfordert sowie eine Bereitschaft, transparent zu sein, und zwar transparent zunächst mal, was die Diagnose betrifft. Das meint nicht nur die Frage, ob derjenige zustimmt, etwa diese oder jene sogenannte Persönlichkeitsstörung zu haben, sondern transparent auch zu beschreiben, welche Funktionen in diesem Kontext eine solche Diagnose hat, dass sie etwa vor Strafe bewahren kann, damit aber auch die Aufgabe für den Therapeuten verbunden ist, diesen Menschen als »gestört« anzusehen und ihn dann verändern zu sollen. Es ginge also weniger um die Frage, ob eine spezifische Diagnose zutrifft oder nicht, und auch nicht darum, ob oder wie man jemanden von einer bestimmten diagnostischen Sichtweise überzeugen kann. Vielmehr geht es um die Transparenz der Funktion einer Diagnose. »Transparenz« bezieht sich also auch auf meine Rolle als Therapeut, der in diesem Kontext eben nicht zuerst den netten Berater spielen kann und am Ende dann mit der Kontrollfunktion daherkommt. Es geht auch um die Transparenz, in welche Rolle der »Diagnostizierte« nun kommt. Diese Transparenz eröffnet wiederum interaktionelle Handlungsspielräume.

Das wäre ein dialogisches Vorgehen auch mit Menschen in Zwangskontexten. So ließe sich prüfen, ob es einen hinreichenden Konsens gibt zwischen beiden, damit sie zusammenarbeiten können. Noch etwas kommt hinzu: Selbst wenn ich diagnostische Kategorien im Kopf habe, kann und sollte ich mein Gegenüber als Bürger dieses Staates betrachten, der als autonomes Subjekt mit mir verhandeln kann und darf. Und falls er sagt, er wolle ja gar nicht mit mir verhandeln, so hat er auch ein Recht, das zu sagen.

LEVOLD Dabei wäre aber wieder vorauszusetzen, dass das nicht zur Diagnose gerechnet wird, weil das schnell als querulatorisches Verhalten ausgelegt wird und nicht als Bürgerrecht. Unter den Fachleuten wird das oft als Querulantentum wahrgenommen, und zwar gerade im Maßregelvollzug, wo immer wieder Patienten die Mitarbeiter mit Anzeigen geradezu überziehen. Wie gehe ich also damit um, dass ich das, was in diesem Zwangskontext an Interaktion passiert, auch als Interaktion in einem Zwangskontext wahrnehme?

Lieb Ich als Therapeut muss dem anderen gestatten, alles, was ich sage, in seiner Weise wahrzunehmen, zum Beispiel dass das alles nur »Tricks« sind, um ihn irgendwie »rumzukriegen«. Dahinter steckt der Anspruch, ein Höchstmaß an Respekt für mein Gegenüber einzunehmen, das die Welt so sehen darf, wie es sie sehen will. Wenn in der psychotherapeutischen Situation das alles einigermaßen gegeben ist, dann würde ich schon vermuten, dass damit auch Bedingungen gegeben sind, um dialogisch herauszufinden, wie viel Kooperationsmöglichkeiten existieren. Und ich bin sicher, dass in einem solchen Prozess auch mehr herauskommt, als wenn man von Anfang an alles nur unter diagnostischen Gesichtspunkten beispielsweise als Querulantentum betrachtet. Stellt sich heraus, dass der andere keine Kooperationsbereitschaft mitbringt, dann ist irgendwann auch klar, dass man keine therapeutischen Gespräche zu führen braucht. Sonst *spielen* wir nur Therapie. Das könnte man dann aber auch ganz bewusst tun, wenn man dieses Spiel für einen anderen Kontext für sinnvoll hält: Man kann sich dann ja fünf Minuten zusammensetzen und irgendwo ankreuzen, man habe ein Therapiegespräch geführt.

Levold Die Schwierigkeit ist, dass wir mit der Unterbringung ein reales neues Konfliktfeld aufziehen, wir wechseln von einem Konfliktfeld auf ein neues dadurch, dass wir jemanden einsperren, sein Verhalten medikalisieren und alles, was passiert, als Ausdruck der Pathologie erleben.

Lieb Und dann ist man *gefangen*.

Levold Genau.

Und bei so manchem Klienten wird dann alles, was der tut, pathologisch gedeutet, und das System bleibt immun.

Levold Alles, das ist grundsätzlich immer so, es wird nur noch in dieser Logik gedeutet.

Lieb Das hat noch eine zusätzliche Komponente: Alles, was der Patient *nicht* tut, jedoch laut Konzept nach einer erfolgreichen

Therapie tun *sollte,* kann als ein fehlender Therapieerfolg der Therapeuten gewertet werden.

LEVOLD Das ist aber, wie gesagt, kein Problem im Maßregelvollzug, denn der Nichterfolg des Therapeuten führt dort nie zu Entlassungen von Patienten. Nichterfolg ist zunächst einmal kein Problem, was auch daran liegt, dass Zeit bislang keine Rolle gespielt hat. Jetzt unter den neuen rechtlichen Bedingungen geraten die Kliniken unter Druck, denn wenn nicht innerhalb von vier, fünf Jahren etwas entwickelt wurde mit den Patienten, dann werden sie möglicherweise dennoch entlassen aufgrund des Gebots der Verhältnismäßigkeit.

LIEB Es könnte aber vielleicht für die eigene Sinnstiftung des Therapeuten eine Rolle spielen, dass er auch mal das Gefühl hat, bei einem Patienten etwas bewirkt zu haben.

LEVOLD Natürlich, aber das ist eine andere Frage. Der Maßregelvollzug ist jener klinische Bereich, in dem Erfolg des Therapeuten die geringste Rolle spielt, jedenfalls aus meiner Sicht.

Die Notwendigkeit einer Narration des gelebten Lebens

Sie plädieren also beide dafür, alle diagnostischen Kriterien, da sie nun mal von außen in die Psychotherapie hineingetragen werden und erfüllt werden müssen, dialogisch und transparent mit dem Klienten gemeinsam zu entwickeln?

Lieb Im Therapieraum: Ja. Und dort auch im Sinne der Transparenz darüber, welche Diagnosen der Therapeut anderen Instanzen mitgeteilt hat.

Es kann sich aber noch ein anderes Problem stellen: Was mache ich, wenn ich mir ein Bild gemacht habe, meinetwegen auch ein durch eine Diagnose markiertes, und der Klient nicht mitgeht mit meiner Vorstellung, mit meiner diagnostischen Zuordnung? Das ist natürlich in aller Regel ein sehr guter Ausgangspunkt für daran anknüpfende weitere Dialoge. Das kann aber auch mal schwierig werden.

Ich hatte zum Beispiel einen Klienten, der nach bestimmten diagnostischen Kriterien eindeutig ein Wahnsystem hatte. Er war auch schon in der Psychiatrie gewesen. Der sagte mir sofort in der ersten Sitzung, der größte Fehler, den man ihm gegenüber machen könnte, wäre, zu behaupten, er habe ein Wahnsystem oder eine Psychose. Das hätte man schon in der Psychiatrie gemacht. Es ging um F 20.0 oder F 22. »Wahrscheinlich werden auch Sie mir diese Diagnose geben, aber wenn Sie mich so sehen, dann weiß ich, dass Sie mich nicht verstanden haben.«

Ich habe ihm geantwortet: »Und ich muss gestehen, wenn ich die klassischen Kategorien nehme, könnte auch ich denken, dass diese Diagnose passen könnte, denn wenn Sie in allen möglichen Alltagserfahrungen irgendwelche Aktionen fremder Mächte gegen Sie sehen, da kann man schon auf diese Idee kommen. Aber hier in der Therapie ist ganz klar, dass ich diese Diagnose nicht zur Basis unserer Zusammenarbeit machen werde, wenn das für Sie nicht gut ist.«

Eine Frage, die zuerst natürlich nur mich, dann aber auch uns beide beschäftigte, war, ob ich die Diagnose F 20.0 oder F 22 in den Bericht an den Gutachter schreiben solle oder einfach eine andere. Ich wusste: Wenn ich die Symptomatik des Patienten angemessen im Bericht darstelle und diese Diagnosen nicht erwähne, dann wird der Gutachter zu Recht die Frage stellen, ob da ein Krankheitsbild nicht erkannt und in der Therapie nicht angemessen berücksichtigt wird. Der könnte die Bewilligung des Antrags dann nicht befürworten. Im Bericht habe ich dann geschrieben, man *könnte* das Problem des Klienten natürlich mit der Diagnose F 20.0 (Paranoide Psychose) oder F 22.0 (Wahnhafte Störung) markieren und kodieren, aber damit ließe sich therapeutisch überhaupt nicht arbeiten. Was sich hier dialogisch nicht als Konsens entwickeln lasse, helfe in der Therapie nicht nur nichts, sondern belaste diese. Stattdessen habe ich in Absprache mit dem Klienten die konsensfähige Diagnose einer Anpassungsstörung vergeben. Die Gutachterin fand das dann nachvollziehbar und hat die Bewilligung der Therapie durch die Kasse befürwortet.

Jetzt muss ich allerdings noch mal eine Lanze brechen für die Diagnosebefürworter. Zum einen kann man in der Verhaltenstherapie aus manchen Diagnosen durchaus gezielt therapeutische Interventionen ableiten – etwa die sogenannten Expositionsverfahren bei bestimmten Angststörungen. Wenn Klienten dem zustimmen, hat man damit oft gute therapeutische Chancen. Es gibt auch systemische Kollegen, die Angstpatienten aus diesem Grunde zu Verhaltenstherapeuten schicken.

Ein starker Vertreter für die Vergabe von Diagnosen in der Verhaltenstherapie ist Peter Fiedler. Er betont immer, dass sie nicht als Basis für eine Therapie taugen, wenn eine Diagnose nicht vom Patienten im Konsens als Basis für seine Therapie geteilt wird. Er geht sogar so weit, zu behaupten, dann könne man sie nicht einmal als Diagnose für die Krankenkassen verwenden. Fiedler sagt: »Wenn ein Klient erstens nicht unter einer durch die Diagnose markierten Problematik leidet oder wenn sich zweitens darüber kein Konsens herstellen lässt, dann verwende diese Diagnose nicht!« Selbst harte Diagnosevertreter wie er sagen das.

Man kann das Problem, dass man im Rahmen des Gesundheitswesens eine Diagnose vergeben muss, manchmal dadurch lösen, dass man statt einer F-Diagnose eine sogenannte Z-Diagnose vergibt. Das Z steht für ein Leiden an »schwierigen Lebensumständen«. Eine andere, mit der sich manchmal leichter leben lässt, ist die F 43.2: »Anpassungsstörung«. Auch die besagt, dass jemand schwierige Umstände hat und sich Symptome zeigen, weil er noch keinen Weg gefunden hat, diese Belastungen zu bewältigen. Aber mit Z lässt sich keine Langzeittherapie beantragen.

LEVOLD Festhalten kann man: Es sind unterschiedliche Beschreibungen möglich und vorhanden, aber man kann sie nicht verändern und auch nicht frei aussuchen. Spannend wäre, im therapeutischen Prozess zu prüfen, welche Diagnosen eher stören, welche regen auf, welche regen an, und zwar ohne dass man selbst schon für sich eine Festlegung vornimmt.

LIEB Ja, in manchen Therapieprozessen wird die Therapie schwieriger, *weil* irgendein Druck zum Diagnostizieren eintritt. Bei dem gerade erwähnten Klienten war es ein unangenehmer Druck, dass ich überhaupt eine Diagnose brauchte. Wie befreiend wäre das für uns beide gewesen, wenn ich ihm hätte sagen können: »Beschreiben Sie mir Ihre Welt und wir reden über Ihre Welt.« Dann wären wir viel freier gewesen.

LEVOLD Jürgen Hoyer und Susanne Knapp vertreten eine ziemlich radikale Position, indem sie fordern, man solle die ersten drei der in der ambulanten Psychotherapie zur Verfügung stehenden fünf probatorischen Sitzungen ausschließlich für eine strukturierte Diagnostik mittels Fragebogen und Testdiagnostik verwenden. Erst dann könne man entscheiden, ob einer eine Psychotherapie braucht oder nur eine Beratung.

LIEB Was dann also wieder von der Diagnose abhängt.

LEVOLD Ja, das ist eine Methode, um das Eingangsschema zu bestätigen: Du bist krank, weil ich dir eine Diagnose geben kann.

LIEB Oder die Patienten müssten so geschult werden für das Ausfüllen der Fragenbogen, dass auf jeden Fall eine Diagnose mit Behandlungsbedürftigkeit herauskommt.

LEVOLD Das ist vor allem einem akademischen Kontext geschuldet, in dem man eine Untersuchungsgruppe möglichst homogen halten will. Dafür brauchen wir solche Instrumente, aber das hat erst mal mit einer Prozessorientierung nichts zu tun. Woran also orientiere ich mich als Therapeut, wenn ich mit Klienten arbeite? Meine Grundannahmen prägen meine Möglichkeiten, mich auf unterschiedliche klinische Konstellationen einzustellen. Auch wenn ich eine bestimmte therapeutische Schule präferiere, erzeuge ich ja schon vorab ein Schema, mit dem ich unter Umständen »unbehandelbare« Klienten kreiere. Bin ich Psychoanalytiker und der Meinung, dass in erster Linie Einsicht zur Änderung führt, dann kann ich nur mit Patienten arbeiten, die hoch einsichtsfähig oder »introspektionsfähig« sind. Als radikaler Verhaltenstherapeut kann ich nur mit Leuten arbeiten, die bereit sind zu lernen.

Wenn ich mich allerdings primär an den Prozessen orientiere, die ich mit den Klienten *erlebe,* dann muss ich sehen, was die Klienten eigentlich brauchen und welches Repertoire hilfreich ist. Was hilft diesem Individuum im Prozess?

Herr Lieb, Sie haben gezuckt gerade?

LIEB Das galt nicht den Anmerkungen von Tom. Das galt einer von ihm angesprochenen weitverbreiteten therapeutischen Grundhaltung, die nicht immer angemessen ist: Viele Therapeutinnen und Therapeuten, auch solche in der Verhaltenstherapie, arbeiten mit einem Veränderungskonzept, das unterlegt ist davon, dass die Klienten *Einsicht* in irgendetwas kriegen oder eine neue Sichtweise über ihre Probleme erlangen müssten. Das ist ein wichtiges, aber gelegentlich auch ziemlich verengtes Therapiekonzept. Dann könnten wir zum Beispiel für Alzheimerkranke, die nicht mehr konventionell mitreden können, therapeutisch nichts tun. Manchmal ist es sinnvoller, statt auf »Einsicht« oder auf »Perspektivenwechsel« hinzuarbeiten, sich den Kontext eines Problems oder eines Menschen anzuschauen: Wie lebt jemand, unter welchen Lebensumständen und welche bräuchte er? Manchmal müssen sich Kontexte an Klienten anpassen und nicht umgekehrt. Und dafür kann man dann gegebenenfalls als Therapeut doch etwas tun.

Na ja, das klingt jetzt alles so voraussetzungslos. Wenn ich so die Ansprüche der Systemik sehe, da wird erwartet, dass man mit dem Klienten auch mal Sprache reflektiert, in Metakommunikation wechselt, die Welt als Sprachspiel versteht oder den Leuten klarmacht, sie funktionierten als Rollenbündel – also, da scheint mir das Abitur aber schon »hilfreich«.

LEVOLD Aber nur, wenn man systemischer Psychotherapeut werden möchte …
    Ich glaube, gute Therapeuten, egal, welcher Schule, schließen sich an die Sprachwelt ihrer Klienten an und versuchen, in dem Bereich von Beschreibungen oder Worten oder Narrativem etwas zu finden, was sie anschlussfähig macht.

LIEB Ich verstehe, was Sie meinen, und kenne das Problem durchaus, aber ich glaube, dass man Therapietheorie und Praxis nicht verwechseln darf. Stefan Geyerhofer hat in einem Beitrag dazu gesagt, dass Systemtherapeuten oft den Fehler machten, zu meinen, Psychotherapie bedeute, die systemische Denkweise irgendwie dem Klienten zu vermitteln oder die konstruktivistische Systemtheorie selbst für eine Therapiepragmatik zu halten.

Ich stimme dem sehr zu und halte das für ein Missverstehen von Theorie beziehungsweise für eine Verwechslung von Theorie mit Handlungsanweisung. Die Theorie allein gibt nicht vor, was man in einem bestimmten Fall tun oder lassen sollte. Im Einzelfall kann ein gutes »Ankoppeln« deshalb eine Aussage sein, die man so auf der Theorieebene nicht machen würde. Ich kann einem Klienten auch einmal sagen, dass er sich in einer bestimmten Sicht täusche oder dass er da falsch liege. Oder pragmatisch: »Das, was Sie da machen, geht nicht auf.« Das widerspricht theoretisch der Logik des Konstruktivismus. Aber das ist in diesem Kontext eben keine theoretische Aussage, sondern eine therapeutische fallbezogene Einzelintervention. Damit kann unter Umständen in bestimmten Situationen ein Klient besser klarkommen, als wenn ich ihn frage: »Was meinen Sie mit …?«

Die Kunst besteht darin, die Theorie in der Praxis umzusetzen – und zwar in einer Weise, dass ich an mein Gegenüber andocken kann – oder meine Praxis theoretisch konsistent zu beschreiben. Ich bekomme in Workshops oft eine Reaktion, wenn es um die Vermittlung des zirkulären Fragens geht: »Das kann man mit meiner Klientel nicht machen, das sind ganz einfache Leute.« Früher habe ich mich über so etwas geärgert, mittlerweile freut es mich, wenn so eine Rückmeldung kommt, denn dann kann ich zeigen, wie selbstverständlich wir im Alltag zirkulär denken und dass es immer darum geht, an die Sprache der Leute anzudocken, und nicht zu erwarten, dass die an uns andocken.

LEVOLD   Ich sehe das auch so. Ich habe fast zehn Jahre lang im Kinderschutz-Zentrum mit extrem unterprivilegierten Familien gearbeitet, viel aufsuchende Arbeit in den Wohnungen der Familien gemacht, also mit Klienten, die nie im Leben in die Beratungsstelle gekommen wären. Nie habe ich die Erfahrung gemacht, dass ich bestimmte Arten von Fragen nicht stellen konnte. Allerdings habe ich ganz häufig die Erfahrung gemacht, dass es für die Klienten sehr hilfreich war, wenn ich Antworten angeboten habe. »Wenn Sie mal darüber nachdenken, könnte es dann so oder so sein oder vielleicht ganz anders?« So kommt man manchmal eher zu Möglichkeiten, auf die Klienten bei allzu offenen Fragen vielleicht nicht kommen würden. Bei Menschen, die zum Beispiel kaum gelernt haben, auf eine offene Frage zu antworten, weil sie gar nicht selbst viel nachdenken, die sagen dann vielleicht: »So nicht und so nicht, aber vielleicht so.« Dann kann man genauer nachforschen, was denn dieses andere »so« ist. Das kann man beliebig runterbrechen und man kann das auch wunderbar mit Kindern machen.

Problematisch ist aus meiner Sicht oft, dass Therapeuten Schwierigkeiten haben, das, was sie selbst erkenntnistheoretisch denken, in Fragen umzusetzen. Ein im Alltag häufiges Missverständnis von Anfängern ist, dass sie sich sagen: »Ich muss zirkulär fragen, weil das systemisch ist. Ich will wissen, was der Vater denkt, also frage ich die Mutter, was die denkt, was ihr Mann denkt.« Das ist aber häufig Quatsch, denn wenn ich wissen will, was der Vater denkt, frage ich den Vater, was er denkt. Wenn ich wissen will, was die Mutter denkt, was der Vater denkt, dann frage ich die Mutter, was sie denkt, was der Vater denkt. Zirkuläres Fragen bedeutet nicht, »um die Ecke« zu fragen. Damit verwirrt man die Klienten nur unnötig.

Man kann psychotherapeutisch auch sehr gut mit Menschen arbeiten, die in vielerlei Hinsicht intellektuell eingeschränkt sind. Ich hatte eine Mutter von zwei sexuell missbrauchten Töchtern als Klientin, die alles, was da geschehen war, zugelassen hatte. Obwohl sie merkte, was da lief, sah sie für sich keine Option, da irgendwie zu intervenieren, zumal sie selbst in gewisser Weise auch durch den Missbrauch entlastet war, weil sie dadurch Ruhe vor ihrem Mann hatte. *Psycho*therapeutisch war sie zunächst völlig unzugänglich. Auf alles, was ich in die Richtung fragte, wie sie das denn erlebt habe, kam einfach gar nichts. Irgendwann habe ich einfach mal gefragt: »Angenommen, Sie wären in einer ganz anderen Familie geboren worden, was wäre dann anders?« Genau das war wie ein Öffner. Da konnte sie plötzlich sagen, dass sie dann dieses oder jenes machen würde und sich schon längst getrennt hätte. Plötzlich kamen Optionen ins Spiel, die sie lange Zeit überhaupt nicht für sich hatte denken können, weil sie völlig in ihrem Erleben gefangen war. Das war eine ganz einfache Frau.

Ich habe sehr gerne mit Klientinnen und Klienten gearbeitet, die nicht so verkopft waren, denn wenn die plötzlich eine Idee hatten, wie sie etwas lösen könnten, waren die total dankbar und konnten das sofort umsetzen. Plötzlich konnten die anders mit ihrem Kind umgehen. Das waren oft Lösungen, die wir drei hier vielleicht eher als schlicht empfunden hätten, aber diese Personen hatten auf einmal das Gefühl, ihre Beziehung fühle sich ganz anders an. Das hat weniger etwas mit dem Bildungsgrad zu tun, sondern eher damit, ob man miteinander in Resonanz und im Kontakt ist.

LIEB Ja, genau. Ich möchte noch ein kleines Fallbeispiel beisteuern zu diesem Thema:

Ein Mann kam zu mir, Mitte siebzig, und erzählte, es ginge ihm zu Hause nicht gut, seine Frau würde ihn sehr schlecht behandeln und seine Schwiegertochter auch. Ich brauchte damals noch eine Bestätigung vom Arzt, dass ich Therapie mit ihm machen konnte. Der Arzt schrieb mir zurück, dass er das für ein nicht indiziertes Unterfangen hielte, denn der Mann sei total verkalkt und da könne man ja wohl keine Psychotherapie machen. Daraufhin habe ich einen freundlichen Brief zurückgeschrieben, dass er vermutlich ein Einsichtstherapiekonzept im Kopf habe und dass es mittlerweile Konzepte gebe, die eben nicht über die Einsicht arbeiteten – ob ihm das bekannt sei. Die Reaktion war: »Machen Sie, was Sie wollen« – und er hat mir die Bestätigung geschickt.

Mit dem Klienten habe ich dann gearbeitet, und ich habe mich immer gefreut, wenn er kam. Mit ihm konnte man wirklich keine langen reflexiven Gespräche führen, aber wir haben prima zusammengearbeitet, vor allem nonverbal. Der hatte eine wunderbare körperlich lebendige Gestik im Erzählen. Ich bekam mit, wie er darunter litt, dass seine ganze Umwelt über ihn verächtlich sprach. Schließlich habe ich mit ihm nonverbal geübt, mit welcher Gestik man sich gegen Verachtung wehren kann. Mit diesem Nonverbalen ist der wunderbar mitgegangen. Und dann haben wir einen ganz einfachen Satz eingeübt, den er denken oder sagen kann, wenn er sich gegen entwürdigende Äußerungen anderer wehren will. Therapeuten können, sollten aber nicht erwarten, dass sich ihre Klienten flexibel an ihre Therapiesprache anpassen. Besser ist es, wenn Therapeuten sich flexibel auf den Kommunikationsmodus der Klienten einstellen. Da muss man halt manchmal kreativ sein.

LEVOLD Manchmal ist es wirklich toll, zu beobachten, wie Klienten etwas umsetzen und wie schnell sie dazu in der Lage sind.

LIEB Ich habe mal in einer Suchtklinik gearbeitet, in der es dazugehörte, in gewissen Abständen Nachtreffen mit den ehemaligen Klientinnen und Klienten durchzuführen. Einmal hatte ich so ein Treffen vier oder fünf Jahre nach dem Klinikaufenthalt. Da war ein älterer Mann und ich fragte ihn: »Und, wie geht es?« Er antwortete: »Gut. Kein Alkohol, ich trink nichts mehr. Ich bin trocken.«

»Wie haben Sie das geschafft?«

Da sagte er: »Na, Sie haben doch gesagt, ich darf nichts mehr trinken!«

LEVOLD Fritz Simon hat vor ein paar Jahren auf einer Jahrestagung der Systemischen Gesellschaft in einem schönen Vortrag über die Kritik an politischen und gesellschaftlichen Zuständen postuliert, dass wir als Systemiker ja nicht sagen könnten, was richtig ist und was funktioniert. Das wissen wir einfach nicht. Was wir aber sagen können, ist, was *nicht* funktioniert. Das halte ich für eine gute Maxime, die letztlich auch für die Therapie gilt. Es gibt viele Arten, wie Therapie wirkt, und häufig können wir gar nicht sagen, warum etwas funktioniert hat.

Das ist auch eine Schwierigkeit in der Ausbildung: Man ist als Dozent zwar Rollenvorbild, aber es gibt für jede Therapeutin und für jeden Therapeuten einen eigenen Weg, gute Therapie zu machen. Wahrscheinlich sollten sich auch systemische Therapeuten, die ja gerne allen Optionen gleichen Wert zuweisen, im Umgang mit Klienten öfter mal trauen, zu sagen, dass etwas Bestimmtes gar nicht funktionieren *kann*.

Ich kann immer nur vermuten, warum etwas gut klappt in der Therapie. Also stellt sich die Frage, worauf wir den Erfolg beziehen: weil wir so gut sind oder weil die Klienten so toll mitarbeiten oder weil es gerade etwas anderes gibt, was den Prozess von außen beschleunigt? Der Klient hat sich verliebt oder ist einen Gegner losgeworden oder Ähnliches. Die positiven Sachen sind schwer zu identifizieren. Wir lernen eher über Fehler. Wenn wir uns Klienten gegenüber positionieren, stellt es einen Unterschied dar, ob wir sagen, sie müssten dies oder jenes tun, oder ob wir sagen, wenn sie das machten, müssten sie damit rechnen, dass es womöglich die und die Konsequenzen hat. Das wäre eine Möglichkeit, darauf zu verweisen, was aus einer systemischen Perspektive womöglich nicht funktioniert.

Der Kontextverweis als Politikum

Finden Sie beide eigentlich, dass die systemische Psychotherapie etwas Subversives hat?

Lieb Ja, wobei …
Levold … nur in einer Gesellschaft, die nicht auf Kontexte achtet.
Lieb Wenn ich meinen beruflichen Weg anschaue, dann würde ich sagen, dass ich eine Zeit lang versucht habe, subversiv zu sein – auch wenn ich damit bestimmt nicht besonders erfolgreich war. Ich hatte meinen missionarischen Anteil und wollte die in meinen Weiterbildungen gelernten »tollen Ideen« überall einbringen, zum Beispiel das Systemische in eine verhaltenstherapeutische Klinik, in der ich damals selbst leitender Psychologe war. Dort habe ich versucht, die Leute davon zu überzeugen, dass dieses systemische Herangehen toll ist. Heute würde ich sagen: Wenn man mit diesem *bewussten* Unterlaufen*wollen* der herrschenden Strukturen und den damit implizierten Manipulationsversuchen aufhört, dann hat das systemische Denken tatsächlich, glaube ich, eine subversive Kraft, sofern man unter »subversiv« versteht, dass die Menschen durch die Art, wie wir systemische Fragen stellen oder Vorgänge systemisch beschreiben und dabei die Eigenlogik eines Systems abfragen oder beschreiben, ohne sie zu bewerten, oft gar nicht umhinkönnen, im Nachhinein zu sagen: »Jetzt sehe ich das mit anderen Augen.« Das passiert fast immer.

»Subversion« also nicht als Strategie, »diesen Laden hier werde ich jetzt erst mal gründlich verändern«, das geht nicht, denn das härtere System mit seinen Strukturen und Routinen setzt sich immer gegen subtile Subversionen durch. Als Supervisoren oder Berater oder Psychotherapeuten müssen wir immer das weichere System sein, indem wir uns weich und flexibel anpassen an das andere System – dann ist die Chance, dass etwas Neues, Reflexives eintritt, schon deutlich höher.

Eine Klinik wird sich nicht wegen einer einzelnen Beratung oder Supervision ändern, eine ganze Familie wird sich nicht ändern, weil ein Mitglied eine Psychotherapie macht, aber ...

Die Familie ändert sich nicht, wenn einer eine Therapie macht? Ich bin deshalb überrascht, weil ich sagen würde: Wenn ein Mitglied des Systems eine Änderung durchmacht, dann ist das System verändert.

LIEB Nein, das glaube ich so nicht. Ein System wie eine Familie ändern zu wollen ist auch kein vernünftiges realistisches Ziel. Außerdem laufen wir Gefahr, hier in eine ungünstige Dichotomie zu geraten zwischen Veränderung und Nichtveränderung. Genau genommen kann man dann sagen: Ja und nein. Ja – es kann sein, dass einer sich in seiner Familie neu verhält und die Familie dann natürlich darauf reagiert. Dann, da stimme ich Ihnen zu, hat sich die Familie verändert. Man darf »Familie« aber nicht gleichsetzen und identifizieren mit dem, was sie vor oder nach einer Therapie tut. Es gibt davon unabhängige Veränderungen und erst solche ermöglichen bleibende Strukturen. Sonst wäre ein denkender Geist, der seine Einstellung zu etwas ändert und nun anders denkt als vorher, ein anderer Geist. Dann ginge die Kontinuität einer Einheit verloren. Dialektisch betrachtet, sieht es so aus: Damit eine Familie eine Familie bleiben kann, muss sie sich verändern. Und damit sie sich verändern und in neue Phasen hinübergehen oder in neuen Kontexten überleben kann, muss sie bleiben, was sie ist, und ihre Identität bewahren.

LEVOLD Ich würde »subversiv« – ein interessantes Wort für unseren Kontext – in erster Linie benutzen, wenn ich selbst etwas unterwandern *möchte*. Das ist, glaube ich, sicher auch ein Moment in der Geschichte, in der Entwicklung der systemischen Therapie gewesen, die systemische Bewegung also als *soziale* Bewegung – dazu habe ich 2003 auch mal einen Aufsatz veröffentlicht. Es ist kein Zufall, dass die ganze Familientherapiebegeisterung begonnen hat in so einer Phase, in der soziale Bewegungen ihre Hochzeit hatten, als es darum ging, auch die Familie als gesellschaftliche Institution kritisch zu sehen. »Der Tod der Familie« war damals 1972 der Titel eines wichtigen antipsychiatrischen Textes von David Cooper, der Anfang der Siebzigerjahre eine gewisse Faszination auslöste. Das ist ganz spannend, weil über die Negation der Familie als repressive Lebensform, die in diesem Zusammenhang für alle psychischen Probleme verantwortlich gemacht wurde, eigentlich wieder die auch positive Bedeutung des Kontextes Familie für die individuelle Entwicklung neu gesehen werden konnte, anders als das zuvor der Fall war.

In einer Kultur, in einer Gesellschaft, in der Probleme hochgradig individualisiert, psychologisiert, pathologisiert und auf den Einzelnen heruntergebrochen werden, hat das Hinweisen auf die allgemeine Kontextvergessenheit oder Kontextignoranz tatsächlich einen subversiven Charakter. Man nimmt also die Kontexte nicht als bloße Accessoires oder als *Rand*bedingungen von Problemen mit in den Blick, sondern als konstitutiv für die Herstellung von Problemen. Man macht darauf aufmerksam, dass derjenige, der ein Problem definiert, schon selbst Teil des Problems ist, weil er damit in die Kommunikation über das Problem eintritt und sie damit aufrechterhält beziehungsweise modifiziert und verändert. Das ist eigentlich schon ein ziemlich revolutionärer Gedanke, vor dem sich entsprechend die gesellschaftlichen Funktionssysteme schützen, denn wenn sie diese Zusammenhänge ernst nehmen, müssten sie sich stärker selbst infrage stellen, dekonstruieren. Insofern ist der systemische Ansatz, wenn er seine eigenen konstruktivistischen Prämissen ernst nimmt, durchaus etwas Subversives.

Die Gefahr, die ich allerdings sehe, ist, dass der Erfolg des systemischen Modells, den wir heute im Bereich von Beratung, Therapie, Coaching und so weiter beobachten können, gleichzeitig auch sein größter Risikofaktor ist, weil das Wort »systemisch« zunehmend eine Bedeutungserosion erlebt. Heute hat das Wort einen ähnlichen Bedeutungshof wie in den Sechziger- und Siebzigerjahren das Wort »kritisch«. Es steht beinahe jedem gut zu Gesicht. Mittlerweile haben auch die meisten Kolleginnen und Kollegen mit einer anderen Schulenbindung auf ihrer Visitenkarte »Systemische Supervision« stehen, sofern sie Supervision anbieten. Das Wort selbst sagt nicht mehr so viel aus. Wenn heute jemand von sich sagt, er sei »Systemiker«, müsste man sich erst mal ansehen, was denn sein Referenzrahmen ist. Das hat dann weniger etwas mit Subversion zu tun, sondern es ist ein Modeetikett, das sich auf dem Markt erfolgreich einsetzen lässt. Die theoretische Fundierung erscheint mir daher ziemlich wichtig, um zu sehen, was »systemisch« denn heißen soll. Vieles von dem, was heute unter dem Label »Systemik« läuft, könnte auch unter anderer Flagge segeln – so jedenfalls mein Eindruck.

LIEB Ist mit »systemisch« oder mit »Systemtheorie« eine Art oder eine Architektur gemeint, mit der man an die Welt »systemideologisch« oder »menschlich«, oder wie man es auch immer nennen mag, herangeht, um in der Welt etwas zu ändern und ihr zu sagen, was man in ihr tun und lassen sollte, um sie etwas besser zu machen? Dann ist systemisches Denken oder der systemische Ansatz auch eine Handlungsanweisung mit impliziten Normen. Ich persönlich verwende die Systemtheorie nicht so. Aber ich weiß, dass das oft geschieht.

Ich kenne das zum Beispiel aus Teamgesprächen, dass jemand im Sinne einer Handlungsanweisung sagt, etwas sei »nicht systemisch«. Daran erkenne ich, dass jetzt der Begriff der Systemik normativ verwendet wird.

Unter dem Label »SG-Liste« – das steht für die Systemische Gesellschaft – gibt es einen Chatroom von Systemikern, in dem diese Diskussion immer wieder vehement geführt worden ist: Die einen sagen, wir als Systemiker müssten doch normativ Stellung nehmen zu so etwas wie Diagnosen, zu bestimmten Formen therapeutischen Handelns oder zu bestimmten Varianten der Theologie. Es sei beispielsweise gar nicht »systemisch«, Diagnosen zu verwenden. Man kann so argumentieren, aber da würde ich sagen, dass hier der Begriff der Systemik strategisch und normativ verwendet wird, um subversiv oder reformerisch oder revolutionär tätig zu sein. Ich teile das nicht.

Für mich ist »systemisch« die Bezeichnung für eine Theorie, und zwar für die Systemtheorie. Sie ist eine Art, die Welt zu beschreiben. Man kann aus ihr durchaus einige Handlungsanweisungen und Methoden ableiten – zum Beispiel solche, Weltbilder und Begriffe bewusst zu dekonstruieren –, beispielsweise in einer respektvollen Art und Weise wie im »Reflecting Team« als genuin systemtherapeutischer Methode. Man könnte zur Idee eines Reflecting Teams als bloßer Methode aber auch über andere Erfahrungen und Theorien kommen und das dann gegebenenfalls auch anders beschreiben und begründen. Problematisch wird es, wenn man aus der Systemtheorie ableitet, was jemand nicht tun darf, und das damit begründet wird, das sei nicht systemisch. Dann werden Ethik und Moral mit wissenschaftlicher Theorie verwechselt. So würde die Systemtheorie ideologisiert. Subversivität ist nicht der Sinn von Systemtheorie.

LEVOLD Gut, die Systemtheorie ist ja sowieso nicht subversiv. In allen Fragen, die eine Orientierung in der Haltung oder Ethik des Handelns berühren, ist die Systemtheorie Luhmann'scher Prägung selbst steril. Es gibt keine ethischen oder politischen Handlungsmaximen, die aus der Systemtheorie ableitbar wären.

Aber das heißt eben auch, dass man sich die ethische Fundierung woanders herholen muss. Leider wird häufig nicht ausgewiesen, woher die dann jeweils kommt. Dabei kommen immer wieder humanistische und anthropologische Überlegungen ins Spiel, die auch alle nachvollziehbar sind, aber keinen genuin systemtheoretischen Unterbau haben. Wir können uns entscheiden, dass wir ohne eine politische Positionierung nicht auskommen. Nur, die Systemtheorie selbst gibt sie nicht her. Niklas Luhmann etwa hat sich von diesen Erwartungen auch immer konsequent distanziert.

LIEB Was ihm ja auch vorgeworfen wurde, zum Beispiel von Jürgen Habermas.

Ich bewege mich in der Welt der Verhaltenstherapie genauso wie in der Welt der Systemtherapie. Lange Zeit dachte ich, ich müsse mich da irgendwann festlegen und entscheiden, wohin ich gehöre. Dass ich am Ende aber aus dem systemischen Ansatz keine Handlungsanweisung gemacht habe, hat mir große Freiräume gegeben, sodass ich sowohl mit meinen verhaltenstherapeutischen Kollegen wunderbar zusammenarbeiten als auch mich in systemischen Kontexten bewegen kann.

THERAPEUTISCHE INTERVENTIONEN MÜSSEN BEGRÜNDBAR SEIN

»*Der systemische Blick ermöglicht eben die Kontextualisierung von all dem, was wir da machen, und die Dekonstruktion unserer Begriffe und Vorstellungen.*«
Tom Levold

Tooligans

In der Psychotherapie setzt sich zunehmend die pragmatische Haltung durch, alles an Möglichkeiten und Interventionen zu nutzen, was wirkt. Das klingt nach einem ziemlich moralfreien Raum. Es kann ja sein, dass eine Theorie keine eigene Ethik mitführt, aber der einzelne Therapeut hat bestimmte Kriterien, nach denen er bewertet und die implizit mittransportiert werden. Insofern klingt es für mich eher naiv, nach der Haltung zu arbeiten: Egal, was es ist, Hauptsache, es wirkt.

Lieb Ein Therapeut, der sagt, er wende einfach alles an, Hauptsache, es wirke, hat einen begrenzten Theoriehorizont oder ein begrenztes Theoriekonzept. An jede Therapieschule, und zwar egal, ob es eine »eigene«, persönliche ist oder ob es sich um eine ausformulierte Therapieschule handelt, habe ich den Anspruch, dass sie auch eine einigermaßen ausgearbeitete Theorie dazu hat, *wie* und *warum* etwas wirkt.

Wir brauchen immer ein Problemlösekonzept, einen Problemlöseansatz, sonst wende ich ja nur *irgendeine* Idee an: »Ach, ich habe mal gehört, bei so etwas wirkt diese Methode.« Ein solcher Eklektizismus entwickelt keine Vorstellung davon, warum etwas wirkt und wirken soll. So ein Vorgehen hätte keine theoretisch erarbeitete Reichweite über Einzelfälle und Einzelerfahrungen hinaus. Sie verhilft auch nicht dazu, Erfahrungen so zu verallgemeinern, dass sie dann wieder spezifisch auf neue Einzelfälle angewendet werden können. Das entspräche nicht einer theoriegeleiteten generalisierten Problemlösung. Man muss dafür ein Konzept entwickeln, warum etwas bei etwas funktioniert hat, um es auf neue Situationen zu transferieren oder um gegebenenfalls zu merken, dass das im speziellen Einzelfall nicht passt. Das nennt man ein Abduktionskonzept, das auf Charles Sanders Peirce zurückgeht.

Ich glaube auch nicht, dass es Therapeuten gibt, die in dem Sinne wirklich theorieabstinente Eklektizisten sind. Ich habe da etwas von Fritz Simon übernommen, nämlich: »Wenn du wissen willst, welcher Therapieschule jemand angehört, schaue nicht, was er tut, sondern frage ihn, was er darüber denkt, was er tut.« Wenn mir ein Therapeut antwortet, er denke darüber gar nicht nach, sondern probiere einfach aus, würde ich mir gut überlegen, ob ich da noch mal hingehe.

Er könnte ja antworten, er sei intuitiv so gut.

LEVOLD Ich habe neulich das schöne neue Wort »Tooligans« gelernt. Das sind Menschen, die in erster Linie auf der Suche nach neuen Tools und Methoden sind. Es gibt im systemischen Feld jede Menge Leute, das deckt sich auch mit meinen Beobachtungen aus Supervisionen, die sagen, sie wollten jetzt mal mit den Klienten eine andere Methode ausprobieren: Mal ist es die Aufstellung, mal die Arbeit mit der Timeline, mal sonst irgendwas. Wenn ich dann frage, warum sie denn genau diese Methode einsetzen wollen, dann können sie das nicht beantworten. Sie wollen einfach nur mal was Neues machen. Mittlerweile wird auch von vielen Klienten erwartet, dass man als Therapeut »neue Methoden« einsetzt, von denen sie sich besondere Effekte erwarten.

Das finde ich hochproblematisch, denn ich habe oft den Eindruck, dass viele, und zwar gerade jüngere Therapeuten, die noch nicht wissen, was sie da eigentlich machen, Methoden einsetzen, um auf Ideen zu kommen, was das Problem sein könnte oder wie man ein Problem verstehen kann. Aus meiner Sicht müsste man eigentlich zunächst eine Idee haben, was das Problem ist, um dann darauf zugeschnitten eine Methode einzusetzen, mit der man zusätzliches Material gewinnen kann, das sich aus dem therapeutischen Gespräch sonst vielleicht nicht gewinnen ließe.

Lieb Exakt.

Levold Dieser Unterschied ist wirklich wichtig, denn sonst verliere ich in Therapien den Fokus. Ich erlebe häufig in Supervisionen, dass solche Therapeuten dazu neigen, von Thema zu Thema zu springen, vielleicht dabei sogar Lösungen für einzelne Themen entwickeln, schließlich dann aber feststellen, dass es den Klienten nicht besser geht als vorher. Das heißt, das, was sie thematisch bearbeitet haben, war gar nicht die Lösung, es hat nicht wirklich dazu verholfen, das Gespür für sich selbst und die wichtigen Beziehungen oder Situationen zu verändern.

Trotzdem machen Sie alle ganz schnell EMDR, wenn sich herausstellt, oh, da tut sich was Neues auf und finanziert wird es auch noch.

Lieb EMDR ist ein gutes Beispiel für unsere Diskussion des Eklektizismus. Man kann die Methode einfach deshalb, weil sie bei vielen emotionalen Reaktionen im Kontext belastender Erfahrungen hilfreich ist, immer einsetzen, wenn jemand emotional an etwas leidet. Aber EMDR ist eben nicht theorielos. Diese Methode ruht auf einigen expliziten oder impliziten Annahmen. Dazu gehört meines Erachtens, dass die emotionale Reaktion insofern als ein »Ereignis« definiert wird, das im Kontext von belastenden Erfahrungen einfach auftritt und dass das nicht Teil einer damit funktional sinnvoll handelnden Person ist – ähnlich dem Konzept der klassischen Konditionierung in der Lerntheorie. Die Sinndimension wird hier explizit außen vor gelassen.

Die mit EMDR behandelten Problemreaktionen haben in diesem Kontext für den Klienten weder Sinn noch Funktion, sie sind psychophysiologische »Ereignisse« im Klienten und nicht ihm zugerechnete »Handlungen«. Also konzipiert, wer EMDR anwendet, seinen »Fall« immer auch mit diesen Prämissen. Und diese wiederum können ihre eigenen Auswirkungen auf einen Klienten haben. Der kann ja dann jedes Mal, wenn er unter etwas emotional stark leidet, sagen: Ich brauche dafür wieder eine Einheit EMDR. Wenn sich ein Therapeut dessen bewusst ist und EMDR ganz bewusst so einsetzt, ist er kein Eklektiker. EMDR arbeitet auf und mit einer rein physiologischen Ebene. Da geht es nicht um Sinn.

Levold Um eine Erregungsregulation.

Entscheidend ist also letztlich bei der Frage, ob ich *professionell* handle, nicht, ob ich richtig oder falsch handle, sondern ob ich *begründen* kann, warum ich etwas sage, warum ich schweige, warum ich einen Vorschlag mache, warum ich ein Familienbrett hinstelle, warum ich eine Einladung dazu mache, aufs Genogramm zu sehen – dafür muss ich von Moment zu Moment in der Lage sein, meine Entscheidung zu begründen. Ob die wiederum richtig ist oder falsch, das ist völlig egal, darum geht es gar nicht. Das ist die innere Rechtfertigung, die ich mir selbst als Professioneller ablegen muss. Diese ist natürlich immer theoretisch fundiert, nicht in dem Sinne, dass ich in jedem Moment die Theorie hervorziehen und darlegen kann, aber sie ist immer in einem theoretischen Framework eingebettet, aus dem ich etwas entwickeln kann. Aus meiner Sicht ist es sehr problematisch, wenn Professionelle sich selbst als »Praktiker« ausweisen und daraus eine Berechtigung ableiten, sich nicht für Theorie interessieren zu müssen, um stattdessen nur Techniken und Methoden anzuwenden.

Lieb »Tooligans« ist übrigens ein schönes Wort für dieses Verhalten. Ich beobachte das auch sehr oft. Vielleicht kann man die »Tooliganpraxis« mal als Zeitabfolge beschreiben und das von anderen Arten zeitlicher Abfolgen unterscheiden. Dann wäre die Tooligansequenz diese: Ein Problem wird festgestellt, vielleicht sogar mit einer Diagnose belegt, dann wird dazu eine Methode angewandt und anschließend wird zugesehen, was passiert. Eine andere Art von Sequenz wäre diese: Ein Problem wird festgestellt, dann erfolgt eine hochindividuelle Erfassung dieses Problems mit dort vorliegenden Varianten der Problembeschreibung und deren Kontexte, daraus kann man anschließend eine individuell passende Methode ableiten mit klarer Zielsetzung wie der Erzeugung weiterer Informationen oder dem Experimentieren mit einer Veränderung. Das ist ein ganz anderer zeitlicher Frame.

Mein Eindruck ist, dass der Schritt von der Feststellung eines Problems zur Erfassung der jeweiligen individuellen Prämissen und Gegebenheiten dieses Problems in der Tooligankultur seltener wird. Diesen Wechsel von der »Individualisierung« zur »Standardisierung« kenne ich aus der Geschichte der Verhaltenstherapie und finde ihn nun partiell auch in der systemischen Welt wieder.

Also zu wenig zuhören.

LIEB Zu wenig *zu*hören, ja ... vielleicht auch zu wenig *hin*hören und zu wenig *nach*fragen und damit zu wenig Offenheit für die Individualität einer Person, eines Systems. Zu wenig Offenheit dafür, erst mal mit offenen Augen und Ohren dazusitzen und sich ein- oder zuzugestehen, noch gar nichts verstanden zu haben. Ich glaube, diese Offenheit geht mit einer inneren Bereitschaft einher, mich auf mein Gegenüber, auf seine Einmaligkeit mit seiner Geschichte und seiner Gegenwart einzulassen, um daraus dialogisch etwas entstehen zu lassen. Und erst dann käme die Methode, das »Tool«.

LEVOLD Das Begegnungskonzept.

LIEB Ja. »Begegnung« heißt auch, dass ich mir mal professionell Gedanken mache, wer der andere ist, und zwar nicht, um ihn in eine diagnostische Schublade zu stecken. Ich weiß nicht, woran das liegt, vielleicht kämen wir, wenn wir es zu Ende diskutierten, wieder auf die Idee zurück, dass Diagnosen und Methoden, so verwendet, vermeintlich Sicherheit geben.

LEVOLD Das Sicherheitsbedürfnis ist ja berechtigt, aber wie schaffen wir eine solche Begegnung? Wie können wir das lehren? Wir können Methoden vermitteln und wir können Theorien referieren und erklären, aber all das, worüber wir jetzt gesprochen haben, was eigentlich die Feinstofflichkeit therapeutischer Prozesse betrifft, das ist sehr schwer zu lehren.

Ich beobachte es immer wieder in Workshops, in denen wir uns Interaktionen und Therapiesequenzen ansehen, wie manche Teilnehmer darüberbrettern. In Seminaren zum Thema Metapherngebrauch arbeite ich zum Beispiel mit Texten und Transkripten von Therapieausschnitten. Es ist doch interessant zu sehen, dass den Teilnehmenden, wenn sie in kleinen Gruppen eine Stunde lang über einer DIN-A4-Seite Text sitzen, plötzlich die Augen aufgehen, was in fünf Minuten Therapie alles erkennbar werden kann und was zumindest als Hypothese eine Strukturierung schon des ganzen therapeutischen Prozesses ermöglicht. Das ist wirklich absolut eindrucksvoll.

Ich weiß noch aus meiner Zeit als Therapieanfänger, wie aufgeregt ich war und mir immer wieder Sorgen machte, ob mir in der Sitzung mit Klienten überhaupt etwas einfällt. Ich hatte ganze Fragenkataloge mit zirkulären Fragen im Kopf, die ich auswendig gelernt hatte aus Angst, nach einer Viertelstunde dazusitzen und nicht mehr zu wissen, was ich sagen oder fragen soll. Das Problem habe ich heute überhaupt nicht mehr, für mich ist eher die Frage, was ich aus der ganzen Fülle herausnehme, um das im Prozess zu bearbeiten. Es passiert eigentlich in einer Therapiesitzung in jeder Mikrosituation so viel, dass man mit alldem wunderbar arbeiten kann. Bin ich aber primär thematisch orientiert, also an dem, was Klienten als inhaltliches Konfliktthema anbieten, den Streit mit den Eltern oder dem Partner oder die Unzufriedenheit mit diesem und jenem, und habe ich dann noch die Idee, als Therapeut müsse ich schnell für diese Themen Lösungsvorschläge entwickeln, dann liege ich schlimmstenfalls schnell daneben.

Lieb Ich würde dieses Thema gerne kontextualisieren: Nehmen wir mal an, es stimmt, dass manchmal zu rasch Diagnosen vergeben und dann zu schnell von einer Diagnose auf eine Methode und damit schon zu einer vordefinierten Art von Lösungsorientierung gegriffen wird, was heißt das dann? Was ist der dazu passende Kontext? Wenn das die Lösung ist – was ist dann das Problem? Für wessen Problem ist dieses rasche methodische Vorgehen eine Lösung? Wir müssen die Kontexte ins Auge fassen, für die die schnelle Anwendung einer Methode als Lösung erscheint. Dabei könnten auch die Ausbildungskonzeptionen und -strukturen von Instituten eine Rolle spielen, der Umgang mit lernenden Therapeuten und Beratern in der Ausbildung, die sozialen und politischen Kontexte von Therapieschulen und dann die dazugehörigen Metasysteme.

Offenbar geben die Diagnostik und die daraus vielleicht allzu voreilig abgeleitete Methodik schnell einen vermeintlich sicheren Rahmen für die Begegnung selbst: Ich muss mich auf den Klienten gar nicht mehr so stark einlassen.

LIEB Das muss nicht automatisch mit der Vergabe einer Diagnose verbunden sein. Wer eine Psychose diagnostiziert, dem kann man nicht a priori unterstellen, dass er sich nicht für den Menschen interessiert. Aber ich stimme zu und habe diese Erfahrung oft gemacht, dass das den Zugang zur ganzen Person und zu ihrem Kontext oft versperrt.

LEVOLD Die F-Ziffer spielt für die Therapie einfach nicht so eine große Rolle. Viel wichtiger ist, genauer hinzuschauen, was eine Klientin mitbringt, wie die Sitzung anfängt, was die Person anbietet. Ist es mal wieder dieselbe Einladung, in die immer gleiche Interaktion einzusteigen, oder ändert sich da etwas? Das sind Dinge, die im Verlaufe des Prozesses viel wichtiger werden. Und für diesen Prozess, für die sich entwickelnde Dynamik daraus brauchen wir Therapeuten Zeit. Da sehe ich ein Problem, denn der Zugriff auf den therapeutischen Prozess von außen wird immer stärker. Wenn jetzt in der Zukunft durch Direktausbildung an den Universitäten die Psychotherapie immer weiter in den akademischen Bereich verschoben wird, also immer mehr von Universitäten und von Großeinrichtungen übernommen wird, halte ich das für sehr problematisch auch im Hinblick auf die Qualität von Psychotherapie.

Sie meinen, dass sich damit auch der Fokus verändert, indem Forschung einen noch größeren Einfluss gewinnen wird?

Levold   Ich sage mal ein Beispiel: Verhaltenstherapieforschung wird ja überwiegend mit Studenten und Anfängern gemacht, denn das sind die Einzigen, die sich an Manuale halten. Der Verhaltenstherapeut, der zwanzig Jahre arbeitet, der macht eigentlich, wenn er gut ist, genau das, was er machen sollte, nämlich sich genau anzuschauen und anzuhören, was Klienten mitbringen, und sich darauf einzustellen. Jemand, der noch wenig Erfahrung hat, hält sich an das Manual, weil ihm das die Sicherheit gibt, was sinnvoll zu fragen und überhaupt in der richtigen Reihenfolge zu fragen ist – dabei entstehen dann in der Fiktion der Forscher Therapieabläufe, die vergleichbar sind.

Damit kann man dann eine Studie machen, beispielsweise zu Fragen wie: Wie reagieren Patienten auf eine bestimmte Intervention? Eine Gruppe mit Intervention, die andere ohne, und die werden dann verglichen. Das ist natürlich ein Laborsetting, das mit den realen Settings in einer therapeutischen Praxis nichts zu tun hat. Wir bekommen eine Diskrepanz zwischen Forschung auf der einen Seite, die natürlich immer nur dann gute Forschung im Sinne strenger Wissenschaftlichkeit ist, wenn es ihr gelingt, Variablen zu isolieren, und einer professionellen Praxis auf der anderen Seite, für die das gar nicht interessant und auch überhaupt nicht nötig ist – im Gegenteil, wo es zum Teil sogar schädlich ist, wenn man das Ganze auf eine bloße Intervention hin präparieren möchte.

Im therapeutischen Dialog, in konkreten therapeutischen Prozessen gibt es gar keine unabhängigen Variablen! Es gibt keine Interventionen, die unabhängig vom Prozess eingeführt werden könnten und deren Wirkung man dann messen könnte. Alles, was in Therapien passiert, ist von vornherein schon ko-konstruiert. Schon der Versuch, Psychotherapie messbar zu machen, ist eine Abstraktion, die den konkreten Prozessen nicht mehr gerecht wird.

Auch Forscher sind natürlich gesellschaftliche Akteure, die in eigenen Auseinandersetzungen stecken, die man wiederum unter Machtaspekten beobachten sollte. Wenn Forschung über Beeinflussung von Gesetzgebung, über Regulierung von Krankenversicherung und so weiter Zugriff auf therapeutische Prozesse bekommt, ändert sich natürlich auch das, was dann in der Therapie stattfinden *soll*. Zurzeit wird der Vorschlag diskutiert, von dem ich nicht weiß, inwieweit der realisierbar ist oder realisiert wird, dass die Therapeuten bei kassenfinanzierter Psychotherapie alle fünf Sitzungen von den Klienten einen Fragebogen ausfüllen lassen müssen, um zu bewerten, ob die Ziele der Therapie schon erreicht worden sind oder nicht. Das kann man unter Prozessaspekten als massiven Eingriff in den therapeutischen Prozess verstehen.

Aus Forschungssicht ist das eine Möglichkeit, noch mehr Daten sozusagen live zu generieren, da hat man nicht mehr nur die Zeitpunkte T_1 und T_2, also vor der Therapie und danach, sondern immer auch noch Zwischenzeitpunkte. Wenn das aber zur Regelung führen sollte, dass das eine vom Therapeuten zu erbringende Leistung wird, dann ändert das massiv, was in Therapien passiert. Dahinter steckt ein reales politisches Problem, das weder etwas mit therapeutischen Notwendigkeiten noch mit Therapietheorie zu tun hat, sondern da geht es einfach um andere Interessen. Therapie ist dann insofern kein geschützter Raum mehr in dem Sinne, dass die Arbeit frei zwischen Klienten und Therapeuten verhandelt wird, sondern sie erhält dann noch stärker als schon jetzt eine triadische Struktur, bei der Dritte als Auftraggeber, Finanziers oder was immer mit an Bord sind. Das ändert eine ganze Menge.

Übrigens hängt damit auch die Frage zusammen, wer überhaupt Therapeut werden beziehungsweise sich so nennen darf. Wenn man das historisch betrachtet, sieht man, dass es bis in die Zwanzigerjahre des letzten Jahrhunderts überhaupt keine Regelung gab, jedenfalls in Deutschland und in Österreich. Die Kurierfreiheit ist erst 1939 durch die Nationalsozialisten aufgehoben worden mit dem von ihnen eingeführten Heilpraktikergesetz, mit dem unter anderem auch der Zweck verfolgt werden sollte, Juden den Zugang zu den bis dahin gewerblich organisierten Heilberufen zu verbauen. Juristisch war dann auf lange Sicht nicht geregelt, wer außer Ärzten psychotherapeutisch tätig werden durfte.

Seit den Sechzigerjahren wurde Psychotherapie von den gesetzlichen Krankenversicherungen finanziert unter der Bedingung, dass alle Nichtärzte von der Weiterbildung ausgeschlossen werden. Die Psychologen sind dabei durch die Hintertür reingekommen, weil sie gewissermaßen den Status therapeutischen Hilfspersonals erhielten und ausschließlich auf ärztliche Delegation tätig werden konnten. Eigentlich aber handelte es sich um ein Gesetz, wonach nur Ärzte Psychotherapie betreiben durften. Die damaligen psychoanalytischen Vereinigungen haben für diese Möglichkeit, mit den Krankenkassen abrechnen zu können, den Preis gezahlt, alle Berufsgruppen außer den Ärzten und Psychologen von der psychotherapeutischen Ausbildung auszuschließen – übrigens ein erheblicher intellektueller und kultureller Aderlass.

Mit dem aktuellen Psychotherapeutengesetz ist nun festgelegt, dass nur Ärzte und approbierte Psychologen mit den Krankenkassen abrechnen können – ich konnte als Sozialwissenschaftler noch bis 1998 problemlos mit Krankenkassen im Erstattungsverfahren abrechnen. Demnächst haben wir mit der Direktausbildung eine weitere Engführung, was die Ausbildung von Psychotherapeuten betrifft. Im Grunde läuft die aktuelle Entwicklung darauf hinaus, dass wir in zehn oder zwanzig Jahren nur noch Einser-Abiturienten mit geradliniger Universitätsausbildung als Psychotherapeuten finden. Die Geschichte der Psychotherapie ist aber ganz wesentlich durch Menschen geprägt worden, die alles andere als eine geradlinige Biografie aufzuweisen hatten, die unterschiedliche disziplinäre und theoretische Welten miteinander verknüpften, die Dinge ausprobierten, die in unserem Mainstream-Therapeutismus heute gar nicht mehr möglich wären. Wir haben eine Situation, in der viele berühmte therapeutische Pioniere wie Anna Freud, Erik Erikson, Virginia Satir, Jay Haley, Peter Fürstenau und viele andere nicht zur psychotherapeutischen Ausbildung in Erwachsenpsychotherapie zugelassen werden würden.

Das sind alles Prozesse, die von ganz anderen Interessen durchdrungen sind als nur von der Frage, wie man gute Therapie machen sollte.

LIEB Ich kann dem nur zustimmen. Wissenschaftliche Theorienbildung und therapeutische Praxis gehören zusammen und sollten auseinander hervorgehen. Wenn sich aber die Definition einer wissenschaftlich begründbaren Psychotherapie ausschließlich an der gegenwärtigen Mainstreamlogik der Universitäten ausrichtet und wenn diese die Ausbildung der nächsten Therapeutengenerationen übernehmen, dann erzeugt sie auch solchermaßen normierte Therapeutinnen und Therapeuten. Ich ahne, wie viel an kreativer Neugier, frechem Querdenken, fallbezogener Experimentierfreude und pragmatischer Breite für Therapien dann verloren gehen wird.

Hintergründe

Auch die Forschung müssen wir viel stärker unter Interessenaspekten sehen und müssten sie kritisieren. Die Hintergründe, die sich aus politischen und ökonomischen Intentionen ergeben, sind aber oft schwer zu durchschauen.

LEVOLD Ja, das ist vielen nicht so richtig klar. Auch wer sich mit der Geschichte von ICD und DSM intensiver beschäftigt, dem wird deutlich, dass die Forderung nach einer standardisierten Diagnostik nie von Therapeuten selbst ausgegangen ist. Ursprünglich habe auch ich immer gedacht, es gebe Therapeutengruppen, die das wichtiger finden, andere fänden es weniger wichtig, aber politisch ist das immer von ganz anderen gesellschaftlichen Akteuren ausgegangen.

LIEB War das jetzt beim DSM-5 auch noch so?

LEVOLD Ja, das ist unter dem Forschungsblick wirklich interessant! Der ganze Prozess hin zum formulierten DSM-5 hat sich unter anderem durch die Ausweitung der Diagnosen sehr verlängert. Das führte dazu, wie Allen Frances berichtet, dass die ganze Autorengruppe unter erheblichen Zeitdruck geriet. Dazu muss man wissen: Das DSM hat eine weltweite Auflage von Millionen Exemplaren. Dieser Katalog stellt die Haupteinnahmequelle der Amerikanischen Psychiatrischen Vereinigung APA dar. Im Jahr 2012 war die APA finanziell ziemlich klamm, hatte erhebliche Schulden und musste dringend eine neue Auflage des DSM auf den Markt bringen, das DSM-IV hatte ja schon jeder. Da jeder Therapeut ein DSM braucht, ist das eine gute Möglichkeit, um an Geld zu kommen, denn eine veränderte Neuauflage, die dann auch zur Basis von Abrechnungen wird, muss sich jeder anschaffen.

Dieser Zeitdruck hat zum Beispiel dazu geführt, dass die

Gruppe auf Felduntersuchungen verzichtet hat. In allen anderen vorherigen Prozessen sind die Diagnosen immer zuerst in einem Forschungsdesign getestet worden. Das ist letztlich relativ einfach: Man wählt eine Universitätsklinik mit einer Depressionsstation aus und beobachtet, wie die Diagnosen bei einem differenzialdiagnostischen Vorgehen funktionieren. Spannender ist aber, was niedergelassene Psychiater mit den Diagnosen machen, die in der Universität entwickelt wurden. Wie gehen Hausärzte mit den Diagnosen um? Um diese Fragen zu klären, braucht es Feldversuche, die auch die Anwendungsmöglichkeiten in der Alltagspraxis untersuchen.

Im Vorwort des DSM-5 steht übrigens, dass die Diagnostik nicht allein darin bestehe, eine Ziffer zuzuordnen, das sei nur ein Teil der Aufgabe. Eine Diagnose sei erst dann vollständig, wenn eine Anamnese aufgenommen und die Selbstbeschreibung des Patienten ausformuliert wird. Das macht ein Hausarzt aber gar nicht. Ein Hausarzt sieht nach und verschreibt ein Antidepressivum, fertig. Das heißt, die Anforderung an Diagnostik ist eigentlich viel höher als das, was niedergelassene Ärzte häufig machen. Deswegen werden immer wieder Felduntersuchungen durchgeführt mit »normalen« Anwendern, die unter den Bedingungen einer niedergelassenen Praxis arbeiten, um deren Vorgehen mitberücksichtigen zu können. Das wurde beim DSM-5 komplett fallen gelassen, und zwar aus Zeitgründen, weil der Druck zur Veröffentlichung groß war, um es noch 2013 auf den Markt bringen zu können.

Das ist doch hochgradig spannend, wie plötzlich politische oder ökonomische Erwägungen dazu führen, dass etwas, »wissenschaftlich« abgesegnet (das DSM wird ja auch die Bibel der Psychiatrie genannt), noch schnell rausgehauen wird und weltweit Geltung erhält. Diese Hintergründe und Bedingungen sind den wenigsten wirklich bekannt oder werden schnell vergessen. Stattdessen werden die Inhalte zu einer Realität eigener Gattung.

Forscher haben zudem einen ganz anderen Blick auf Psychotherapie als ambulant tätige Psychotherapeuten, denn über ihre Universitäten haben Forscher einen anderen Zugang zu gesellschaftlichen Entscheidungen und zu Geldgebern. Rund 80 Prozent der Leute, die in der Kommission zur Erstellung des DSM-IV saßen, hatten finanzielle Verbindungen zur Pharmaindustrie. Die Pharmaindustrie spielt eine ziemlich große Rolle, weil die natürlich von der schnelleren Vergabe von Diagnosen am meisten profitiert, da die Regelintervention bei psychiatrischen Diagnosen ja nicht Psychotherapie, sondern eine Medikamentenverschreibung ist.

Das sind alles Zusammenhänge, die eine ziemlich große Relevanz haben und die man gar nicht überschätzen kann. Die Therapeuten sind als Akteure in diesem Spiel immer erst im zweiten Schritt drin. Auch hier gibt es natürlich viele, die standardisierte Diagnostik als hilfreich und nützlich erleben, aber es waren nie diejenigen, die die Entwicklung standardisierter Diagnostik initiiert haben.

LIEB Ein paar Leute hier in Deutschland haben versucht, Einfluss zu nehmen, von Peter Fiedler weiß ich es zufällig, aber der Einfluss ist wohl sehr gering.

LEVOLD Ich möchte natürlich mit meiner Kritik keinen Gegensatz von Forschung und Therapie konstruieren. Da ist auch noch die sogenannte Operationalisierte Psychodynamische Diagnostik (OPD) zu nennen, die von psychodynamisch orientierten Wissenschaftlern entwickelt worden ist, die sowohl an Universitäten forschen und lehren als auch eine psychotherapeutische Identität haben. Unabhängig davon, dass sie mit Leidenschaft Therapie betreiben, was sie ja auch unabhängig von der Universität machen könnten, wird Psychotherapie im universitären Kontext immer unter dem Aspekt beobachtet, inwiefern sich ein gutes Forschungsprojekt daraus entwickeln lässt. Kriegen wir eine Fragestellung hin, die von allgemeiner Bedeutung sein könnte? Können wir die zu untersuchenden Gruppen so zusammenstellen, dass die Ergebnisse reliabel, also möglichst reproduzierbar sind?

Daraus sind viele spannende Projekte entstanden, ich möchte das nicht als Kritik an der Forschung verstanden wissen. Wenn ich in einem solchen Kontext arbeiten würde, hätte ich ähnliche Interessen, wenngleich ich mich eher für qualitative Forschung interessiere. Ich kann das also gut verstehen, aber man darf daraus nicht den Dreh machen, dass Diagnostik eigentlich das Zentrale sei für Therapeuten.

Für das Gesundheitssystem ist wiederum entscheidend, dass bei einem begrenzten Budget Kriterien entwickelt werden müssen, mit denen entschieden werden kann, ob etwas finanziert wird oder nicht. Da stellt sich erneut die Frage nach der Leitunterscheidung: Heißt sie gesund/krank oder behandlungsbedürftig/nicht behandlungsbedürftig?

LIEB Oder forschungstauglich versus nicht forschungstauglich.

LEVOLD Bei größeren Systemen wie Kliniken können wir beobachten, nach welchen vielfältigen Kriterien sie operieren. Der Soziologe und Systemtheoretiker Werner Vogd hat 2011 ein sehr schönes Buch »Zur Soziologie der organisierten Krankenbehandlung« geschrieben, in dem es unter anderem um die Entscheidungsfindungen in Krankenhäusern geht. Im Unterschied zu Luhmann definiert er keine getrennten Funktionssphären, die ausschließlich in einer autopoietischen Eigenlogik funktionieren, sondern versucht im Sinne des polykontexturalen Ansatzes von Gotthard Günther zu zeigen, wie die Kontexte des Rechts-, Wirtschafts- und Gesundheitssystems, der Psychotherapie und Krankenpflege und so weiter bei allen professionellen Operationen und Entscheidungen ineinandergreifen. Das sind Kontexte, die sich wechselseitig ständig durchdringen und bei denen jede Interaktion eigentlich durch ganz viele Kontexte charakterisiert ist.

LIEB Günther legt dann keine Metaperspektive über alles, wie es die Luhmannianer wohl tun.

LEVOLD Polykontexturalität macht es möglich, eine psychotherapeutische Interaktion unter Machtaspekten oder unter dem Gesichtspunkt von Professionalisierung oder ökonomischem Ressourceneinsatz zu beobachten. Das läuft darauf hinaus, dass es im Gesundheitswesen eben nicht nur um die Leitunterscheidung gesund/krank geht, sondern um eine Vielzahl von Kontexten, die das, was geschieht, immer wieder unter neuen Gesichtspunkten zu betrachten erlaubt. Auch das ist natürlich eine systemtheoretische Herangehensweise.

LIEB In der systemischen Welt fehlt eine fruchtbare Auseinandersetzung zwischen Luhmannianern, sogenannten Güntherianern und wie sie alle heißen. Man müsste die gerade für solche Analysen viel stärker zusammen- beziehungsweise in einen Dialog bringen.

LEVOLD Ja, leider gibt es eine echte inhaltliche Auseinandersetzung im systemischen Feld zu selten. Im systemischen Diskurs stellt sich schnell ein Beleidigtsein ein, weil andere die Grundposition nicht teilen. Zwar wird immer der Unterschied betont, der einen Unterschied macht, aber wenn man seine eigene Position mal kritisch an den Positionen anderer entwickeln und schärfen müsste, kommt schnell der Ordnungsruf, dass das doch in jedem Fall wertschätzend zu sein habe. Die Wertschätzung sollte aber doch der Person gelten und nicht zwangsläufig ihren Ansichten oder Konzepten. Die andere Seite der Medaille ist, sich zumindest mit allem einverstanden zu zeigen, weil das ja systemisch heißt, jede Meinung als gleichwertig zu betrachten, weil es sich ohnehin um eine kontingente Konstruktion handele.

LIEB Genau, das ist der normative Begriff: »Systemisch« zu sein heißt dann, alles gut zu finden.

LEVOLD Ich nenne das den minimalen Party-Konstruktivismus, so nach dem Motto: »Du hast deine Konstruktion, ich habe meine, trinken wir einen drauf!« Eine echte, auch mal schärfer geführte Diskussion wäre auch gut dafür, die eigenen Begriffe zu schärfen. Da muss man doch nicht schon beleidigt sein.

Der anderen Seite erst einmal offen zuhören: Bei Ihren Klienten haben Sie beide diesen Anspruch an sich und versuchen ihn umzusetzen, ohne diesen Menschen sofort in eine Schublade zu stecken.

Lieb Ja, vielleicht schaffen wir es dort, weil in der therapeutischen Beziehung immer eine Asymmetrie besteht. Da müssen wir nicht beleidigt sein, wenn der Klient uns nicht zustimmt.

Aber immerhin können Psychotherapeuten das.

Lieb Ja, ich glaube schon. Es ist ja auch eine sehr persönliche Begegnung. Ich kannte das auch, aber bei Patienten bin ich heute nicht mehr beleidigt.

Levold Für mich ist der wichtigste angeborene Affekt »Interesse«, also auch Interesse am anderen und Offenheit für ihn. Im Hinblick auf die Frage, was braucht es für eine Veränderung, für Entwicklung, für Lernen, halte ich das für den entscheidenden Affekt. Freude ist auch wichtig, dass man also das Gefühl hat, sich wohlzufühlen, sicher zu sein, vom Therapeuten angenommen und akzeptiert zu sein, sich verstanden zu fühlen, aber das allein führt eben noch nicht zur Veränderung, weil dann ja die Therapie selbst zur Belohnung würde. Man fühlt sich wohl und sicher und geborgen, darauf springt unser Belohnungssystem an. Das trägt auch dazu bei, dass gegen Ende von Therapien häufig die Probleme wieder zunehmen, weil sich beide nicht trennen wollen und lieber noch ein bisschen länger weitermachen möchten.

Lieb Du meinst den Affekt bei beiden, bei Klient und Therapeut?

Levold Ja, ja, bei beiden. Wohlfühlen heißt ja nur, dass es so, wie es ist, weitergehen kann. Es fühlt sich gut an. Interesse liefert die entscheidenden Informationen. Der Grund, eine Therapie zu machen, ist immer mit Leiden verbunden, also mit starken negativen Affekten. Die sind aber in der Regel Antagonisten von Interesse. Wenn ich mich schäme, wenn ich ärgerlich bin, wenn ich traurig bin, dann bin ich nicht wirklich *interessiert*. Für mich als Therapeut bedeutet das: Ich muss interessant finden, was die Klientinnen und Klienten erzählen. Wenn ich in einem Moment Verachtung für Klienten spüre – was durchaus schon mal passieren kann –, wenn ich Angst habe vor Klienten, wenn die mich bedrohen oder einschüchtern wollen oder mich selbst auch verachten, wenn ich mich schäme, weil ich keine gute Idee habe oder mir nichts einfällt, wenn ich wütend werde, dann verliere ich selbst auch das Interesse und bin nur noch im Selbstverteidigungs- oder Selbstfürsorgemodus.

Wir müssen also immer zusehen, wie wir selbst unser Interesse wachhalten können, denn das ist die Voraussetzung dafür, dass wir den Klienten einladen können, das Material selbst »interessant« zu finden und sich zu fragen, warum es ihm so schlecht geht. Das wiederum ist die Voraussetzung dafür, dass der Klient selbst in einen Explorations- oder Experimentiermodus eintreten kann, um zu prüfen, ob sein Leben auch noch auf andere Weise funktionieren könnte. Gelingt es uns nicht, dieses Interesse bei uns und bei den Klienten zu wecken, bleiben wir im negativen Affekt stecken. Das ist dann eher ein Zustand, aber keine Entwicklungsdynamik.

Alles, was wir an systemischen Techniken und Methoden haben, sind eigentlich wunderbare, gute Instrumente, um Interesse zu wecken. Die – eigentlich paradoxe – freie Assoziation in der Psychoanalyse ist ja im Grunde ebenfalls ein Instrument, um Interesse zu wecken. Dort dauert es nur womöglich ziemlich lange, bis man »auf den Trichter« kommt. Aber auch das ist eine gute Möglichkeit, ich jedenfalls habe davon in meiner eigenen Analyse enorm profitiert.

LIEB Ein kleiner Einwurf genau dazu: Viele Leute, die gute, innovative Therapeuten wurden, auch Systemiker, waren zuvor Psychoanalytiker. Etliche Verhaltenstherapeuten, die etwas Neues eingeführt haben, waren zunächst Analytiker. Was genau das mit Neugier und Wohlbefinden zu tun hat, weiß ich nicht, aber um diese tiefe innere Dynamik in der Psychotherapie zu wissen und damit bei Menschen Veränderungen zu ermöglichen, da braucht man oft schon einen tieferen Einblick in die menschliche Psyche. Auch jemand wie Steve de Shazer hatte eine psychoanalytische Ausbildung, vermutlich viele andere sogenannte Kurzzeittherapeuten auch. Ich glaube, dass die Effektivität manchmal auf einer tieferen Reflexion beruht. Auch das wird oft vergessen oder übersehen, wenn man nur die schnellen Methoden sucht.

LEVOLD Die ganze Mailänder Gruppe bestand aus Analytikern.

LIEB Helm Stierlin war Analytiker, Fritz Simon auch. Man darf den Einfluss der Psychoanalyse hier nicht verkennen. Ich habe mich nicht in allen Therapieschulen getummelt, aber schon in einigen, und für mich war am Ende die Systemtheorie diejenige, in die ich am leichtesten die anderen einbauen konnte. Von ihrer breiten Theoriearchitektur her kann die Systemtherapie andere Schulen, für mich zum Beispiel die Verhaltenstherapie, viel leichter integrieren als umgekehrt. Ich erwarte von mir und eigentlich auch von anderen, dass sie schon irgendein Konzept dafür entwickeln, wie sie andere Schulen integrieren – das auch noch mal als Nachtrag zum Eklektizismus.

LEVOLD Jürgen Kriz hat mal ein schönes Bonmot geprägt, der hat gesagt, sinngemäß: »Ich habe mich mit allen Psychotherapieverfahren so lange beschäftigt, bis ich sie nicht mehr komplett schrecklich fand.« Die Frage danach, welche die beste ist, hilft jedenfalls nicht viel. Der systemische Blick ermöglicht eben die Kontextualisierung von all dem, was wir da machen, und die Dekonstruktion unserer Begriffe und Vorstellungen.

Ich würde gerne genau mit dem Stichwort »Kontextualisierung« abschließen. Sie beide bekommen jetzt von mir zum Abschluss unseres Gesprächs nämlich eine Hausaufgabe, über die Sie nachdenken können, bis Sie den Text schriftlich wieder vorliegen haben. Dann schreiben Sie Ihre Antworten einfach hinein.

Herr Levold, die Hausaufgabe für Sie lautet: Wie müsste eine Strategie aussehen, sich dem Kassensystem konsequent zu verweigern, um ein System außerhalb der Kassenfinanzierung aufzubauen, und zwar nicht nur »privat«, indem man ausschließlich Privatzahler annimmt. Das Kassensystem unterlaufen, aber richtig!

Ach, übrigens, Herr Levold, ich lasse Ihnen die Ingwerknolle hier.

LEVOLD Wenn man sich dem gegenwärtigen Kassensystem als Psychotherapeut verweigern will, bleibt einem gar nichts übrig, als ausschließlich Privatzahler zu behandeln. Witzigerweise ist das ja auch nach wie vor der Wunschtraum aller Kassenpsychotherapeuten, weil man dann von den Restriktionen und administrativen Daumenschrauben des Systems befreit ist. Der größere Teil der Bevölkerung ist aber finanziell gar nicht in der Lage, sich eine Psychotherapie zu leisten, die länger als ein paar wenige Stunden dauert.

Wir können davon ausgehen, dass die Inanspruchnahme von Therapie und Beratung bei psychischen und sozialen Problemen einen positiven Effekt auch auf die körperliche Gesundheit hat, also insgesamt dem Gesundheitssystem Kosten erspart bleiben, die sonst entstünden. Volkswirtschaftlich könnte es nützlich sein, diese ersparten Ressourcen auf andere Weise einzusetzen, etwa indem die Bürger analog zu den Bildungsgutscheinen Gutscheine für die Inanspruchnahme von psychotherapeutischen Leistungen ihrer Wahl in einem festzulegenden Umfang bekommen könnten – ich spinne da einfach mal rum. Dann müssten sie nicht erst Störungen mit Krankheitswert entwickeln, sondern könnten schon im Vorfeld daran arbeiten, solche zu vermeiden.

Vielleicht kann man ja auch Psychotherapie in einer denkbaren Zukunft zum Gegenstand einer ganz eigenständigen Solidargemeinschaft machen und die Schnittstelle zum Krankenbehandlungssystem ganz anders definieren. Das Problem mit den Krankenkassen ist ja, dass die Beitragszahler, die das System finanzieren, de facto keinen Einfluss darauf haben, welche

Leistungen davon bezahlt werden und welche nicht. Verweigern oder mitmachen ist für die Betroffenen, Klienten wie Therapeuten, also eher eine Scheinalternative.

Das System kann meines Erachtens nicht unterlaufen werden, sondern nur durch politische Alternativen ersetzt werden, die sich gleichwohl volkswirtschaftlich rechnen müssen. Ich glaube, dass der systemische Ansatz, der individualistische und biologische Krankheitskonzepte überwindet, die familiären, sozialen und beruflichen Kontexte einbezieht sowie ressourcenorientiert ausgerichtet ist, eine gute Grundlage für die Entwicklung alternativer Versorgungssysteme bieten kann. Aber das muss politisch gewollt sein und gegen starke Player, die gegenwärtig das System dominieren und von ihm profitieren, durchgesetzt werden. Von daher ist das erst einmal Zukunftsmusik.

Herr Lieb, Sie überlegen sich mal, ob sich die Pharmaindustrie nicht doch von einer Forschungsausrichtung überzeugen ließe, wie wir den negativen Auswirkungen der heutigen Diagnostik entgingen. Immerhin finanziert die Pharmaindustrie seit Jahren eine Anti-Stigma-Kampagne, da müsste es doch Überschneidungen geben.

LIEB Die Hausaufgabe beinhaltet, dass die Pharmaindustrie von etwas überzeugt werden soll, was im Kern deren eigenen Interessen zunächst entgegenstehen dürfte. Ein schwieriges Unterfangen …

Dazu unterscheide ich zuerst zwei Arten von Überzeugungen: In der einen bringt man jemanden dazu, eine Sichtweise zu übernehmen, die er vorher nicht hatte und aufgrund derer er dann etwas freiwillig tut, was er vorher nicht getan hätte. In der anderen bringt man jemanden dazu, etwas entgegen seinen eigentlichen und weiterhin bestehenden Überzeugungen zu tun, weil ihm sonst entweder Schlimmeres blüht oder weil er nur so etwas erreicht, was ihm wichtig ist – zum Beispiel Geld zu verdienen. In unserem Fall soll die Pharmaindustrie eine Forschung finanzieren, die die negativen Auswirkungen von Diagnosen aufzeigt und herausfindet, wie diese reduziert oder ganz beseitigt werden könnten.

Will man dieses Ansinnen mit den von der Pharmaindustrie unterstützten Antistigmatisierungskampagnen verknüpfen, so ist zu bedenken, dass diese wie immer von einem biologischen Krankheitskonzept ausgehen und genau dieses vermitteln. Ich verweise dazu auf die im Anhang genannte Veröffentlichung von Wolfgang Gaebel und Stefan Priebe. Insofern tragen sie damit selbst trotz sonst unbestreitbar guter Absichten zu einer speziellen Art von Stigmatisierung bei. Man könnte bei der Präsentation der folgenden Strategien aber durchaus an die guten Ziele dieser Kampagnen anknüpfen.

Will man ein System zu etwas für es Ungewöhnlichem und Neuem bewegen, gibt es immer zwei Wege: von innen und von außen. Wie das von innen in einem Pharmakonzern gehen könnte durch eine mit diesem Ziel identifizierte und entscheidungsbefugte Instanz, lasse ich hier mal beiseite.

Von außen wären drei Strategien denkbar:

Erstens, Argumente und Moral: Wir schicken hohen Entscheidungsträgern der Pharmaindustrie das eben von uns erstellte Buch nebst viel anderer guter Literatur dazu und hoffen, dass sie das lesen und dass sie das überzeugt. Prognose: Höchstwahrscheinlich ineffektiv.

Zweitens, Andocken an die Eigenlogik des Systems: Man könnte einem Konzern einen Beitrag zur Erforschung von Medikamentennebenwirkungen anbieten auf der Basis eines biopsychosozialen Forschungsdesigns. Nebst anderem (!) könnte man dabei auch erforschen, welche diagnostischen Konzepte mit der Vergabe eines Medikamentes in der Regel mittransportiert werden und welche erwünschten und unerwünschten Nebenwirkungen diese jeweils haben.

Man dürfte hier keinesfalls als Gegner von Diagnosen auftreten, sondern entweder als Befürworter oder zumindest als forscherisch neutraler Mensch im Bemühen, etwas zur Verhinderung unangenehmer Nebenwirkungen von Medikamenten beitragen zu wollen. Wenn man dann solche identifiziert, könnte man Varianten anbieten, diese Nebenwirkungen zu mindern – etwa durch eine transparente Aufklärung der Medikamentenkonsumenten über Sinn und Unsinn von Diagnosen mit dem Ziel, »mündige Medikamentenkonsumenten« zu generieren.

Prognose: Etwas besser, aber die Subversivität dieser Strategie dürfte leicht zu durchschauen sein.

Drittens, Interventionen im Bereich von Politik und Medien: Wenn wir die Unternehmen der Pharmaindustrie als Instanzen und Agenten im Funktionsbereich Wirtschaft ansehen, die einerseits der Logik der Wirtschaft folgen und dabei andererseits mit den Funktionsbereichen Politik und Massenmedien interagieren müssen, dann könnte man an folgende Interventionen denken:

Über die Politik (auf deren Entscheidungsträger man mit diesem Ziel Einfluss nehmen müsste) könnte die Pharmaindustrie per Gesetz gezwungen werden, einen bestimmten Teil ihrer Forschung für eine »biopsychosozial« ausgerichtete »Medikamentenforschung« auszugeben, die auch die genannten Fragestellungen beinhaltet. Vielleicht könnte man das mit der politisch beschlossenen Vergabe eines Gütesiegels verbinden: Damit gekennzeichnete Medikamente zeigen, dass der Hersteller seinen biopsychosozialen Forschungsverpflichtungen nachkommt.

Im Mediensektor könnte man – nebst anderen medienwirksamen »biopsychosozialen Kampagnen« in Print, Funk und Internet – beispielsweise die Zeitschrift *Ökotest* dafür gewinnen, eine Bewertung der am häufigsten verkauften Medikamente vorzunehmen und dabei als Bewertungskriterium auch aufzunehmen, welche Folgeschäden die damit meistens verbundenen Diagnosen haben können. Man könnte das publizieren und den Konzernen Wege aufzeigen, wie sie da durch

Unterstützung entsprechender Forschungen in Zukunft besser abschneiden würden.

Gott sei Dank können Sie mich jetzt nicht fragen, wie hoch ich die Erfolgswahrscheinlichkeit auch dieser Strategien einschätze.

Ausgewählte Literatur

Bock, T., Klapheck, K., Ruppelt, F. (2014). Sinnsuche und Genesung. Erfahrungen und Forschungen zum subjektiven Sinn von Psychosen. Köln: Psychiatrie-Verlag.

Buchholz, M. B. (1998). Sprachliche Interaktion und Diagnosen. Überlegungen zu einem System-Umwelt-Verhältnis der Profession anhand einiger empirischer Befunde. System Familie, 11 (2), 47–59.

Buchholz, M. B. (2014). Metaphern und der therapeutische Dialog. In T. Levold, M. Wirsching (Hrsg.), Systemische Therapie und Beratung – das große Lehrbuch (S. 121–130). Göttingen: Vandenhoeck & Ruprecht.

Ciompi, L. (1998). Die affektiven Grundlagen des Denkens – Kommunikation und Psychotherapie aus der Sicht der fraktalen Affektlogik. In R. Welter-Enderlin, B. Hildenbrand (Hrsg.), Gefühle und Systeme. Die emotionale Rahmung beraterischer und therapeutischer Prozesse (S. 77–100). Heidelberg: Carl-Auer.

Cooper, D. (1972). Der Tod der Familie. Reinbek: Rowohlt.

Devereux, G. (1976). Angst und Methode in den Verhaltenswissenschaften. Frankfurt a. M. u. a.: Ullstein.

Ebbecke-Nohlen, A. (2014). Symptome – Diagnostik – Therapie. In J. Zwack, E. Nicolai (Hrsg.), Systemische Streifzüge. Herausforderungen in Therapie und Beratung (S. 60–72). Göttingen: Vandenhoeck & Ruprecht.

Fiedler, P. (2010). Verhaltenstherapie mon amour. Mythos – Fiktion – Wirklichkeit. Stuttgart: Schattauer.

Frances, A. (2013). Normal. Gegen die Inflation psychiatrischer Diagnosen. Köln: DuMont.

Fuchs, P. (2011). Die Verwaltung der vagen Dinge. Gespräche über die Zukunft der Psychotherapie. Heidelberg: Carl-Auer.

Gaebel, W., Priebe, S. (2005). Pro und Kontra: Machen Antistigmakampagnen Sinn. Psychiatrische Praxis, 32, 218–220.

Geyerhofer, S. (2011). Von den Mitteln und den Zwecken der Systemischen Therapie – Eine kritische Auseinandersetzung mit der »Kybernetik 2« und eine Erinnerung an den Nutzen störungsspezifischen Wissens in der Systemischen Therapie. Systemische Notizen, 11 (1), 6–10.

Gottman, J. (1998). Laß uns einfach glücklich sein. München: Heyne.

Gottman, J. (2000). Die 7 Geheimnisse der glücklichen Ehe. Düsseldorf u. München: Schröder.

Gottman, J. (2014). Die Vermessung der Liebe: Vertrauen und Betrug in Paarbeziehungen. Stuttgart: Klett-Cotta.

Hoyer, J., Knapp, S. (2012). Psychotherapie braucht strukturierte Diagnostik! Psychotherapie im Dialog, 13 (1), 2–5.
Illouz, E. (2009). Die Errettung der modernen Seele. Therapien, Gefühle und die Kultur der Selbsthilfe. Frankfurt a. M.: Suhrkamp.
Institut für Systemische Therapie Wien (2008). Ana Ex. Wie die Magersucht siegt und wie sie scheitert. [DVD] Heidelberg: Carl-Auer.
Keupp, H. (2016). Von der Re-Sozialisierung von Normalität und Abweichung. Familiendynamik, 3, 216–231.
Krause, R. (1983). Zur Onto- und Phylogenese des Affektsystems und ihre Beziehung zu psychischen Störungen. Psyche, 37, 1016–1043.
Lakoff, G. (1987). Women, fire, and dangerous things. What categories reveal about the mind. Chicago u. a.: University of Chicago Press.
Levold, T. (2003). Die systemische Bewegung als lernendes System. Systeme, 17 (2), 115–129.
Levold, T. (2016). Systemische Therapie und Diagnostik. In T. Levold, M. Wirsching (Hrsg.), Systemische Therapie und Beratung – das große Lehrbuch (S. 130–150). Göttingen: Vandenhoeck & Ruprecht.
Levold, T., Wirsching, M. (Hrsg.) (2016). Systemische Therapie und Beratung – das große Lehrbuch. Göttingen: Vandenhoeck & Ruprecht.
Lieb, H. (2009). So hab ich das noch nie gesehen. Systemische Therapie für Verhaltenstherapeuten. Heidelberg: Carl-Auer.
Lieb, H. (2014a). Störungsspezifische Systemtherapie. Konzepte und Behandlung. Heidelberg: Carl-Auer.
Lieb, H. (2014b). Störungsspezifische Systemtherapie – Systemtherapie im Kontext Gesundheitswesen. systhema, 28 (2), 137–166.
Luhmann, N. (1987). Soziale Systeme. Grundriss einer allgemeinen Theorie. Frankfurt a. M.: Suhrkamp.
Mehl, S., Lincoln, T. (2014). Therapie-Tools Psychosen. Weinheim: Beltz.
Morrison, J. (2000). Der zweite Blick. Psychische Störungen als Symptome somatischer Krankheiten. Bern u. a.: Huber.
Nestmann, F. (1988). Die alltäglichen Helfer. Theorien sozialer Unterstützung und eine Untersuchung alltäglicher Helfer aus vier Dienstleistungsberufen. Berlin u. a.: de Gruyter.
Peirce, C. (1931). Collected papers. Band 5. Cambridge, MA: Harvard University Press.
Rosch, E., Lloyd, B. B. (eds.) (1978). Cognition and categorization. Hillsdale, NJ: Lawrence Erlbaum Associates.
Rosenhan, D. L. (1973). On being sane in insane places. Science, 179, 250–258.
Ruf, G. D. (2017). Bipolare Störungen. Heidelberg: Carl-Auer.
Schweitzer, J., Schlippe, A. von (2012). Lehrbuch der systemischen Therapie und Beratung II. Das störungsspezifische Wissen. Göttingen: Vandenhoeck & Ruprecht.
Simon, F. B. (2012). Die andere Seite der »Gesundheit«. Ansätze einer systemischen Krankheits- und Therapietheorie. Heidelberg: Carl-Auer.

Sozialpsychiatrische Informationen (2016). Diagnosen der Psychiatrie. Wofür wir Diagnosen brauchen – und warum wir ihnen misstrauen sollten. Heft 4.

Stern, D. N. (1992). Die Lebenserfahrung des Säuglings. Stuttgart: Klett-Cotta.

Uexküll, J. J. von (1909). Umwelt und Innenwelt der Tiere. Berlin: Julius Springer.

Vogd, W. (2011). Zur Soziologie der organisierten Krankenbehandlung. Weilerswist: Velbrück.

Wagner, B. (2013). Komplizierte Trauer. Grundlagen, Diagnostik und Therapie. Berlin u. Heidelberg: Springer.

White, M. (1994). Therapie als Dekonstruktion. In J. Schweitzer, A. Retzer, H. R. Fischer (Hrsg.), Systemische Praxis und Postmoderne (S. 39–63). Frankfurt a. M.: Suhrkamp.

Wirth, J. V. (2012). Dekonstruktion. In J. V. Wirth, H. Kleve (Hrsg.), Lexikon des systemischen Arbeitens. Grundbegriffe der systemischen Praxis, Methodik und Theorie (S. 64–68). Heidelberg: Carl-Auer.